인공지능 법정에서의 하루

AI 판사에게 재판을 받을 것인가

강영주

박영사

이 책을 출간하며

코로나 19 대유행과 비대면 상황에서 당연시 여겼던 현장 수업이 온라인 수업으로 대체됐다. 대학 건물에는 불이 꺼졌고 캠퍼스에는 인적이 드물었지만 온라인에서는 수업이 활발하게 이루어졌다. 다시 일상이 회복됐지만 이제는 상황에 따라 현장 수업과 온라인 수업이 적절하게 활용되고 있다. 이 시기를 거치면서 국내에 인공지능에 대한 관심이 더욱 증가했다.

이러한 과정을 경험하면서 법학 전공자로서 인공지능에 호기심이 생겼고 '신기술을 법에 접목한다면 분쟁과 갈등을 보다 쉽고 효율적으로 풀 수 있는 방법이 생기지 않을까?' 하며 상상의 날개를 펼치기 시작했다. 그 마음은 점차 구체적인 행동으로 옮겨졌다. 학술지에 인공지능과 민사분쟁에 관한 논문을 실었고 소논문을 쓰면서 이 주제에 더 깊이 있는 연구를 해야겠다고 생각했다.

더불어 인공지능학과의 학부 수업과 대학원 수업에 참여할 수 있었고, 그 수업에서 배운 내용을 바탕으로 발제문을 작성해 법학과 대학원 수업 시간에서 발표하기도 했다. 이러한 소중한 경험들이 모여 이 책의 밑거름이 됐다. 새로운 분야이므로 어려움도 있었고 생각할 거리가 많았지만, 이 글을 쓰는 내내 행복했다.

이 책의 제목 「인공지능 법정에서의 하루」에서 '하루'라는 시간은 처음과 끝을 나타낸다. 법정 등에서 분쟁 해결을 위한 시작 단계에서 마무리까지 따라가면서 어떻게 인공지능을 활용할 수 있는지, 활용한다면 이와 관련하여 법적인 논의가 무엇인지를 살펴본다. 그리하여 과연 AI 판사에게 재판을 받을 것인지에 대해 숙고해 보고 사법 분야에서 앞으로 나아갈 바를 제시하는 것이 이 책의 주요 내용이다.

또한 '하루'라는 것은 일주일, 한 달, 일 년을 시작하는 출발점이다. 지금 이 시점은 법원을 비롯한 사법 영역에서 인공지능을 도입하려는 노력과 논의가 시작되는 때이며, 앞으로 그 활용이 활짝 꽃피울 것이라는 기대하면서 이 책을 썼다.

이 책은 많은 분의 도움으로 완성됐다. 먼저 이 책을 시작하게 하시고 마치도록 해 주신 하나님께 영광을 올린다. 그분은 알파와 오메가, 처음과 나중이 되신다는 것을 고백한다.

지도교수이신 유병현 교수님께 고마운 마음을 전한다. 제자가 큰 학자로 성장하기 바라는 교수님의 애정과 기대 속에서 이 책을 잘 마칠 수 있었다.

법학과 교수님들께 감사를 전한다. 훌륭한 교수님들의 수업에 참여하여 법학의 길을 잘 걷도록 많은 가르침을 받았다. 이 글에 생기를 불어넣어 주셨으며 응원을 아끼지 않으셨다. 윤남근 교수님, 정영환 교수님, 김경욱 교수님, 권혁심 교수님, 함영주 교수님, 강윤희 교수님, 김동현 교수님, 김하열 교수님, 이황 교수님, 김상중 교수님, 김인현 교수님, 최영홍 교수님, 차진아 교수님께 고마운 마음을 전한다.

공학과 교수님과 학생에게도 많은 도움을 받았다. 흔쾌히 수업에 참여할 기회를 주셨고 관련 서적을 소개해 줄 뿐 아니라 실무에도 도움을 주셨다. 김현철 교수님, 육동석 교수님, 김영탁 교수님 그리고 조유정 학생에게 감사를 전한다.

법학과 후배들에게 감사를 전한다. 일주일에 한두 번씩 캠퍼스에서 함께 성경을 읽었던 시간은 큰 힘이 됐고 결코 잊지 못할 것이다. 이 모임은 지금도 진행 중이다.

가족들에게도 고마운 마음을 전한다. 딸이 무엇을 하든지 늘 믿고 지지해 주시는 아버지 강신규 장로님, 어머니 허순열 집사님, 사랑하는 동생들, 그 밖의 가족과 친척들에게도 사랑을 전한다. 동생 지은이는 글을 꼼꼼하게 읽고 교정해 주었다. 그리고 브루스 클라서(Bruce Closser) 교수님, 심현우 연구원, 최상재 목사님 등 글을 위해 도와주시고 기도해 주신 모든 분들께 감사를 전한다. 또한 안종만 회장님, 안상준 대표님, 임재무 전무님, 김한유 과장님, 양수정 대리님 등 좋은 출판을 위해 애를 써 주신 박영사 관계자들에게 고마움을 전한다.

마지막으로 각자의 처소에서 성실하게 연구하는 연구자들의 노고에 고마운 마음을 전한다. 연구자들의 논문과 책을 통해 많이 배우고 새로운 세계를 경험했다. 법 전공자로서 인공지능을 만나고 연구할 수 있어서 무척 기쁘다. 이 책이 작은 빛이 되어 앞으로 법학과 신기술이 접목된 연구가 활발하게 되고 함께 밝은 미래를 만들어 가길 소망한다.

2024년 싱그러운 초록의 여름 날, 해송 법학도서관에서
강 영 주

프롤로그

▌사법접근성과 인공지능 기술의 발달

우리는 이미 인공지능과 함께 살고 있다. 인공지능 아나운서가 진행하는 뉴스를 듣고 인공지능 기자가 작성하는 신문을 읽고 있다. 인공지능 상담원을 통해 식당과 병원을 예약하고 더운 여름에는 휴대전화로 집에 있는 에어컨을 미리 켜는 등 인공지능을 활용한 서비스와 제품이 우리의 삶 속에 깊숙이 자리 잡고 있다. 인간의 지식을 학습한 인공지능은 수많은 질문에 신속하게 답을 찾아주고 있으며 인간과 기계는 이미 서로의 언어를 이해하면서 소통하고 있다. 산업 현장과 학문 분야에서 인공지능에 관한 활용과 연구가 활발하게 이루어지고 있다.

분쟁 해결 방법도 인공지능의 영향을 받고 있다. 컴퓨터와 인터넷으로 대표되는 정보 사회에서는 온라인 분쟁 해결(Online Dispute Resolution, ODR) 방법이 주목받았다. 이 방법은 특히 법원 중심의 분쟁 해결 방식에 대한 대안으로 시도된 대체적 분쟁 해결(Alternative Dispute Resolution, ADR) 방법과 접목되면서 더욱 확대됐다. 그 후 정보 사회는 인공지능(Artificial Intelligence, AI)이 중심이 되는 지능정보 사회로 발전했고, 이에 따라 인공지능을 활용한 분쟁 해결 방법에 대한 관심이 높아지고 있다. 특히 코로나 19 대유행의 비대면 시대를 거치면서 이러한 방법에 대한 기대가 높아졌다.

인공지능을 활용한 분쟁 해결 방법은 판사의 과중한 업무를 줄이거나 변호인의 업무를 지원해 줄 수 있다. 하지만 이러한 기술을 활용하여 사법 접근성을 강화할 수 있다면 더욱 그 의미가 클 것이다. 특히 법률 서비스에 대한 접근을 아예 포기하는 취약 계층이나 접근은 어느 정도 가능하지만 변호인 없이 '나 홀로 소송'을 해야 하는 경우를 고려하면 그 필요성이 크다고 할 수 있다.

2018년 한국에서 OECD와 OSJI(The Open Society Justice Initiative, 열린사회정의주도회의)가 공동 개발한 설문을 활용하여 국민의 사법 접근성을 조사한 바가 있다. 이 보고서에 따르면 국내의 주된 분쟁 해결 방법은 상대방과 직접 연락하여 분쟁을 해결하려는 경향이 높아 국내의 사법 접근성이 낮은 것으로 나타났다.

▌인공지능과 민사소송

따라서 사법 접근성 강화를 위한 필요성과 인공지능 기술의 비약적인 발달이라는 최근 경향을 반영하여 이 글에서는 민사소송을 중심으로 사법 접근성 향상시키기 위한 인공지능 활용 가능성에 대해 논의한다. 한편, 인공지능은 편리함을 가져다주지만 그 기술이 가져올 위험성을 인식하고 이에 대한 대책이 반드시 필요하다. 특히 개인정보 보호에 대한 논의가 이루어져야 하며 그동안 진행되어 온 판례 공개에 대한 검토가 더욱 필요하다. 인공지능 정책에 관한 사례를 살펴보고 국내의 현실에 맞춰 정책을 세워야 할 것이다.

최근 인공지능을 사법 제도에 도입하는 시도에 대해 이른바 '인공지능 법관'이라고 하여 그 관심이 높아지고 있다. 이 글에서는 이 주제에 대한 연구를 소개하고 앞으로 나아가야 할 방향을 제시하고자 한다. 이 책 부록에서는 민사소송과 관련된 챗봇 서비스를 실제로 구현해 보았다. 피고의 경정 여부에 해당하는지에 대해 챗봇을 통해 구현했는데 구글의 대화형 인공지능 플랫폼인 다이얼로그플로우(Dialogflow)를 활용했다.

▌이 책의 구성

이 책의 제1장에서는 지능 정보 사회의 도래가 사법의 분쟁 해결 방식에 어떤 변화를 가져왔는지를 살펴본다. 그리고 사법 접근성의 현황을 파악하기 위해 사법 수요조사 결과를 소개한다. 이를 통해 사법 접근성을 높이는 방법을 검토하고 인공지능이라는 신기술의 도입과 그 활용 가능성에 대해 모색한다.

나아가 이 연구는 법학과 공학의 학문 사이에 협력이 필요한 분야이므로 법학적 논의에 앞서 인공지능 기술에 대한 이해가 필요하다. 이에 제2장에서는 인공지능 기술 일반을 소개하며 특히 기계학습과 자연어 처리를 중심으로 알아본다. 또한 사법 분야에서의 인공지능에 관한 연구를 살펴본다. 알고리듬을 활용한 재판예측과 챗봇을 활용한 법률 서비스에 관한 연구를 통해 사법 분야에 인공지능을 도입하기 위한 노력을 고찰한다.

한편, 인공지능을 도입할 때 발생하는 편향성이나 개인정보 침해와 같은 문제에 대한 대응책이 반드시 필요하다. 따라서 제3장에서는 이러한 문제들에 관해 각국에서 어떤 대책을 마련하고 있는지를 비교하여 검토한다. 이어서 각국의 사법 분야에 인공지능을 실제 활용하고 있는 사례를 소개한다.

지금까지의 내용은 결국 국내 민사소송에 어떻게 인공지능을 적용할 수 있는지에 대한 논의로 귀결될 수 있을 것이다. 이에 제4장에서는 인공지능을 사법 분야에 도입하는 경우 발생하는 다양한 쟁점에 대해 살펴본다. 판례 공개의 현황과 관련 논의, 프라이버시에 대한 논의, 인공지능 법관 도입에 대한 인식과 규범적 문제 등에 대해 살펴보고 이에 대한 대응책을 제시한다.

또한 실제 소송에서 인공지능을 어떻게 활용해야 할지에 대해 소송 단계별로 그 내용을 살펴본다. 아울러 앞서 언급했듯이 부록에서 챗봇 플랫폼을 활용하여 민사소송에서 인공지능을 통한 시스템을 구현해 보았다. 이제부터 인공지능과 소송에 대한 이야기를 하나씩 펼쳐보고자 한다.

차 례

제2장

▶ 인공지능 기술 일반과 사법 분야에서의 연구

제3장

▶ 인공지능에 대한 각국 정책과 민사소송에서의 활용

제4장

▶ 민사소송에서 인공지능 도입과 활용방안

제5장

▶ 에필로그

부록

▶ 챗봇을 활용한 민사소송 모델

"너희 땅의 곡식을 벨 때에 밭 모퉁이까지 다 베지 말며 떨어진 것을 줍지 말고 그
것을 가난한 자와 거류민을 위하여 남겨두라"

- 레위기 23장 22절

제1장

사법의 지능 정보화와 사법 접근성

제1절

지능정보 사회와 분쟁 해결 방법의 변화

> 지능정보 사회에서는 분쟁 해결 방법이 어떻게 변화했을까?

I. 지능정보 사회의 도래와 디지털 전환

미국의 시사 주간지 『타임(TIME)』지는 매년 세계적으로 영향력이 있는 인물을 선정하여 '올해의 인물'을 발표하고 있다. 1983년 1월 3일 자 표지에는 '올해의 인물' 대신에 '올해의 기계'가 실렸다.[1] 그것은 바로 개인용 컴퓨터(PC)였는데 컴퓨터가 책상 위에 놓여 있고 사람이 의자에 앉아 컴퓨터를 바라보고 있는 모습이었다. 그 장면은 컴퓨터와 인터넷이라는 정보기술로 구축된 정보 사회를 상징적으로 보여 주는 모습이었다.

출처: *TIME*, 1983

그 후 인공지능과 같은 지능정보 기술이 중심이 되는 지능정보 사회가 등장했고 세계는 또 한 번의 큰 변화를 맞게 됐다. 지능정보 기술이란 인공지능 기술과 데이터 이용 기술을 융합하여 인지, 학습, 추론 등과 같이 인간이 보유했던 고차원적 정보처리 능력을 기계로 구현하는 기술을 말한다.[2] 나아가 정보 사회를 바탕으로 지능정보 기술을 통해 변화를 가져온 사회를 지능정보 사회라고 한다.[3] 지능정보 사회는 사물인터넷[4]을 바탕으로 이어진 초연결 혁명이 사회의 기반을 이루는데 초연결사회에서는 수집·분석·처리되는 데이터가 중심을 이룬다.[5]

제4차 산업 사회인 지능정보 사회의 특징을 살펴보면 먼저 1~3차 산업혁명과 비교할 수 없을 만큼 그 진행이 기하급수적으로 빠른 속도(Velocity)를 들 수 있다.[6] 이렇게 속도가 빠른 이유는 우리가 사는 세계가 그만큼 서로 깊게 연결되어 있으며 뛰어난 신기술이 발전하기 때문이다.[7] 그리고 제4차 산업혁명은 범위와 깊이(Breath and Depth) 측면에서 개인뿐 아니라 기업, 경제, 사회 등 모든 분야에 유례없는 큰 변화를 가져오고 있다.[8] 또한 시스템의 영향력(System Impact) 측면에서 보면 국가, 기업, 산업 간을 비롯하여 사회 전체 시스템의 변화를 수반할 것이다.[9] 정보 사회와 지능정보 사회를 비교하면 아래와 같다.

▶ **표1** 정보 사회와 지능정보 사회의 비교 ─────────────

	정보 사회	지능정보 사회
1	네트워크 경제 (인터넷을 기반으로 연결되어 누구나 편리하게 경제활동 수행)	인터넷 융합경제 (인터넷을 통해 모든 것이 연결·융합되어 새로운 것 창출)
2	인터넷 혁명(정보화)	초연결 혁명(지능화)
3	인프라 중심(인터넷망)	초연결 환경 중심(사물인터넷)
4	기업, 국민, 정부의 인터넷 활용	경제·사회 전반의 인터넷 내재화
5	개방, 참여, 공유	협업, 가치 창출
6	산업 영역 간의 연결	모든 경계 파괴
7	B2B, B2C, C2C 등[10]	O2O, 핀테크, 옴니 채널 등[11]

출처: 서병조, 2016[12]

지능정보 사회의 핵심 기술은 인공지능이라는 '지능'과 사물인터넷, 클라우드, 빅데이터, 모바일 등에 기반을 둔 '정보'가 종합적으로 결합한 기술을 말한다.[13] 특히 데이터는 지능정보 사회에서 원동력이 되며 새로운 자원이다.[14] 이 데이터는 사물인터넷으로 연결된 초연결사회에서 실시간으로 수집되고 축적되어 클라우드[15]를 통해 더욱 효율적으로 저장되고 관리될 수 있다.[16]

데이터는 더 정확한 빅데이터[17] 분석기술이 발달함에 따라 사회·경제적 부가가치를 창출하며, 데이터 분석 결과는 모바일 기반의 기기로 개인에게 전달되어 사용자의 경험을 높이게 된다.[18] 이러한 지능정보 기술은 여러 제품과 서비스를 지능화하여(로봇, 자율주행 자동차 등) 지능 정보화를 통한 지능정보 사회의 원동력이 된다.[19]

▶ **표2** 지능 정보기술 개념 도식 ─────────

지능	ICBM 등의 정보		실현
	사물인터넷 (Internet of Things)	데이터 수집	로봇
인공지능 (AI)	클라우드 (Cloud)	데이터 축적	자동차, 드론
	빅데이터 (Big Data)	데이터 분석	슈퍼컴퓨터
	모바일 (Mobile)	데이터 전송	정보통신 기술 (ICT) 기기

출처: 미래창조과학부, 2016[20]

이처럼 디지털 기술을 인간의 삶에 침투시켜 보다 나은 삶을 지향하고 산업의 변화를 일으키는 디지털 전환(Digital Transformation)이 이루어지고 있다.[21] 디지털 전환이란 디지털과 물리적인 요소들을 결합하여 비즈니스 모델로 변화시키고, 산업 전반을 새로운 방향으로 정립하는 것으로 말한다.[22]

사적 영역에서 디지털 전환의 형태를 살펴보면 기업의 추구하는 목표에 따라 모습이 다양하게 나타난다. 생산성과 효율성을 중시하는 전환, 제품 혁신의 전환, 비즈니스 모델의 전환을 들 수 있다.[23] 공공 영역에서도 디지털 전환에 따라 국가 경쟁력을 유지하기 위한 노력이 진행되고 있다. 법 제정과 정부 부처에서의 디지털 기술의 수용을 그 예로 들 수 있다. 2020년 6월 9일에는 「데이터기반행정 활성화에 관한 법률」이 제정되었고, 동법에서는 국가와 지방자치단체가 데이터 기반 행정을 활성화하기 위한 시책을 수립하고, 그 추진에 필요한 행정적·기술적·재정적 조치를 마련하여야 할 것을 명시하고 있다(동법 제3조 제1항).

II. 온라인 분쟁 해결 방법과 사법의 지능 정보화

1 온라인 분쟁 해결 방법의 특징

정보 사회에서는 인터넷을 통해 전자상거래가 발전했는데 기존의 상거래에서 볼 수 없었던 다양한 방식의 비즈니스가 나타났다.[24] 여기서 발생하는 분쟁을 해결하는 방법이 필요하게 되었고 온라인 분쟁 해결이라는 방식이 등장했다. 온라인 분쟁 해결(Online Dispute Resolution, ODR)이란 분쟁 당사자와 중립인들이 온라인상에서 다양한 전자적 수단을 이용하여 신속하고 효율적으로 분쟁을 해결하는 것을 말한다.[25] 이 방법은 조정, 중재와 같이 법원의 소송 이외의 대체적 분쟁 해결(Alternative Dispute Resolution, ADR)을 위한 수단으로 주로 사용이 됐다.

그러나 최근에는 전자소송이나 온라인행정심판 등에서도 온라인 분쟁 해결이 활용되고 있다.[26] 따라서 온라인 분쟁 해결은 소송, 심판, 대체적 분쟁 해결 등 다양한 분쟁 해결 절차의 일부 또는 모든 과정을 컴퓨터 등의 매체를 이용하여 온라인상에서 수행하는 것을 의미한다고 할 수 있다.[27]

온라인 분쟁 해결의 장점은 비용 절감과 편의성을 들 수 있다. 온라인상에서 이루어지므로 절차가 간단하며 비용이 절감된다.[28] 당사자가 물리적으로 이동할 필요가 없고 이메일이나 게시물 작성 등을 통해 시간의 구애 없이 언제든지 참여할 수 있어 거리와 시간에 제약받지 않는다.[29] 또한 재판관할권을 정하는 복잡한 문제를 해결할 수 있다는 점에서 효율적이다.[30]

반면 물리적인 접촉을 하지 않기 때문에 소통상의 오해가 발생할 수 있고 컴퓨터 시스템과 인프라 구비가 미흡하면 분쟁 해결이 수월하지 않다.[31] 또한 컴퓨터 활용이 익숙하지 않으면 불리하게 되고, 화면을 통한 비대면 방법을 이용하기 때문에 비인격적 대우를 받는다고 느낄 수 있으며, 온라인의 한계상 해결할 분쟁 대상이 제한될 수 있다.[32] 복잡한 분쟁일수록 의사소통이 더욱 명확해야 하므로 온라인을 통한 분쟁 해결에 어려움을 겪을 수 있을 것이다.[33]

2 사법의 지능 정보화

앞서 언급한 바와 같이 우리는 정보 사회에서 지능정보 사회로의 변화를 맞고 있으며 이에 발맞추어 사법의 지능 정보화도 진행되고 있다. 사법의 지능 정보화란 지능정보 사회에 적합한 사법 체계를 구축하여 일반 국민의 사법에 대한 요청을 적극적으로 수용하는 것을 말한다.[34] 이에 대한 정당성을 뒷받침해 주는 근거는 ① 사법 참여의 실질화를 통한 국민의 권리 보호 ② 판결의 정당성과 사법의 투명성 제고 ③ 법원의 업무 부담의 경감 ④ 사법 행정의 효율성 달성 등을 들 수 있으며 그 중심에는 사법 접근성이 있다고 할 수 있다.[35]

사법의 정보 지능화는 법규범과 절차를 효과적으로 이해할 수 있도록 돕고 분쟁 해결에 필요한 비용과 시간을 절약할 수 있도록 하는 노력이 포함된다.[36] 즉, 인공지능과 같은 지능정보기술을 통해 관련 사건에 대한 법률과 판례를 효과적으로 검색하고 법 문서를 작성하는 등 법률자문 서비스를 상용화하여, 국민이 낮은 비용으로 더욱 효율적인 사법절차에 참여할 수 있도록 하기 위한 목표를 가지고 있다.[37] 특히 인공지능 기술은 민사절차에서 변호사를 선임하지 않고 소송에 참여하는 '나 홀로 소송'에 대한 대책이 될 수 있을 것이다.[38]

요컨대 사법 분야에 지능정보 기술을 수용한다면 보다 사법 접근성이 높고 국민의 요구에 신속하게 반응하는 사법 체계를 구축할 수 있을 것으로 기대되며, 이것은 인공지능 기술을 사법 체계에 적용할 수 있는 정당성의 근거를 제공하게 된다.[39] 특히 당사자의 사적 자치의 원칙이 중시되는 민사절차에서는 인공지능 기술을 적극적으로 시도할 가능성이 크다고 할 수 있다. 다음은 인공지능 기술의 사법 체계 도입에 대한 정당성을 제공하는 사법 접근성에 대해 살펴본다.

사법 접근성과 사법 수요조사

> 사법 제도에 현재는 얼마만큼 접근할 수 있을까?

I. 사법 접근성 일반

1 사법 접근성의 의의

고대 히브리인들은 곡식을 거둘 때 밭 모퉁이까지 모두 베지 말고, 포도를 딴 후에 남겨두고 올리브를 떤 후에 가지를 살피지 말라는 법이 있었다. 고아, 과부, 외국인 즉 사회적 약자가 누구의 눈치를 볼 필요 없이 양식을 가져갈 수 있는 사회적 제도를 만들라는 것이다. 다시 말하면 도움을 받을 수 있는 접근성을 높이라는 뜻이다.

법과 제도는 국민 일상의 삶과 밀접한 관계를 맺고 있으며 상당한 영향력을 미친다. 모든 국민은 법과 제도에 접근할 수 있는 권리가 있으며 그 권리는 보장되어야 한다. 사법 접근성이란 법률 전문가인 변호사와 법원에 대한 접근을 뜻하며, 사법 서비스에 동등하게 접근할 수 있는 권리를 의미한다.[40] 이것은 정식 소송 절차에 대한 접근뿐 아니라 대체적 분쟁 해결 절차에 참여할 수 있는 권리까지 포함되며, 법률 정보를 취득하고 법률 조언을 받으며 법 제정 절차에 효과적으로 참여하는 것 등을 아우른다.[41]

유럽 인권법원은 전통적으로 사법 접근성을 법원 또는 재판부로부터 "공정한 재판을 받을 권리"와 "구제받을 권리"를 그 내용으로 보고 있다(「유럽인권조약」

European Convention on Human Rights, ECHR」, 제6조, 제13조)[42]. 「유럽연합 기본권 헌장(Chapter of Fundamental Right of the European Union, CFR)」에서는 "모든 사람은 법에 보장된 권리와 자유의 침해에 관하여 법률 규정에 따라 재판부에 의해 효과적인 구제를 받을 수 있다"라고 하여 사법 접근성을 기본권적 인권으로 선언했다(동법 제47조). 이에 따르면 사법 접근성은 ① 합리적인 기한 내에 법률로 정한 독립되고 공정한 법원에서 재판을 받을 권리 ② 법률상담을 받을 권리, 방어권, 변호사 대리를 받을 권리 ③ 충분한 자력이 부족한 자에게 구조가 필요한 경우 법률구조를 받을 권리를 포함하고 있다(동법 제47조).

한국 「헌법」에서는 모든 국민이 평등하게 재판을 받을 권리(동법 제10조, 제11조 제1항, 제27조)를 규정하고 있으며, 그 권리의 내용에 사법 접근성이 당연히 포함되는 것으로 해석하고 있다.[43] 사법 접근성을 강화하는 것은 단순히 국가적 지원을 넘어 국민의 기본권 보장과 직결이 되는 것이다.[44] 평등하게 재판받을 수 있다는 것은 좋은 법적 틀을 세우는 것만으로는 부족하고 일반 국민이 법적 혜택을 골고루 누리도록 해야 비로소 실현된다.[45]

2 사법 접근성과 지속 가능한 발전 목표

2015년 9월 UN은 인류의 행복과 국제사회의 번영을 위해 「지속 가능한 발전 목표(Sustainable Development Goals, SDGs)」를 세웠다. 2015년까지 수행된 밀레니엄 개발 목표(MDGs)를 종료하고, 2016년부터 2030년까지 수행할 새로운 의제를 발표한 것이다. 이 의제는 인간, 지구, 번영, 평화, 파트너십이라는 5개의 영역에서 17개의 주요 목표(goal)와 169개의 세부 목표로 구성되어 있다.

이 주요 목표 중 16번째는(SDG 16) "지속 가능한 발전을 위해 평화롭고 포용적인 사회를 증진하고, 모두에게 사법 접근성을 제공하며 모든 수준에서 효과적이고 책임성 있는 포용적인 제도를 구축할 것"을 선언하고 있다. 이를 구체화한 '제1차 우선 지표 제안 리스트(first proposed priority indicator list)'의 내용을 보면, 목표 16은 12개의 세부 내용이 있는데 이 중 세 번째에서 "국가 및 국제 수준에서 법치주의를 촉진하고, 모든 사람에게 동등한 사법 접근성을 보장"할 것을 명시하고 있다.

이처럼 사법 접근성은 UN이 제시한 '지속 가능한 발전 목표'를 달성하기 위한 필수적인 요소이다.[46] 세계에서 약 40억의 사람들이 법의 보호 밖에서 살고 있는데, 이들 대부분은 지역 사회에서 가난하고 소외됐기 때문이다. 그들은 고용주에게 쉽게 속고 자신의 땅에서 내몰리며, 강력한 권력으로 희생되고 폭력의 위협을 받고 있다. 법적 책임의 부재는 지역을 부패시키고 경제를 침체시켜 가장 필요한 곳에 자원을 활용하지 못하게 만든다. 또한 법적 소송 절차를 장기간 지연시켜 개인 경제 활동을 방해한다. 법을 이해하고 활용할 수 있는 능력을 갖추도록 한다면 사법에서 소외된 자들에게도 정의를 세우며 기본적인 필요를 충족할 수 있게 할 것이다.

사법 접근성은 유엔의 지속 가능한 발전 목표의 핵심적인 요소일 뿐 아니라 다른 목표를 달성하기 위해서도 필수적인 요소이다. 이는 빈곤과 기아를 퇴치하고(SDG 1, SDG 2), 양성평등을 달성(SDG 5)할 수 있도록 한다. 여성들이 가정 폭력에서 벗어나 자신을 보호하며, 이혼으로 발생하는 관련 재산과 상속 재산에 접근할 수 있도록 하는 등 일상생활을 지원한다.

3 사법 접근성의 장애 이유

(1) 비용

사법 접근성을 방해하는 주요 장애 요소를 살펴보면 먼저 비용 문제를 들 수 있다.[47] 실제 비용과 인식 비용에는 차이가 있을 수 있지만, OECD 보고서에 따르면 법률구조를 요청하지 않은 42%에서 90%의 경우는 비용 문제이다. OECD 국가 중에서 변호사 등의 조력 없이 '나 홀로 소송'에 참여하는 비율은 50%에 육박하는 것으로 조사됐다.

(2) 공적인 법률구조 미비

공적인 법률구조(legal aid)가 제대로 갖춰지지 않은 점이 사법 접근성을 방해하는 또 다른 이유이다. 어떤 국가들은 법률구조를 형사사건에 중심을 두고 가사나 민사사건에 대해서는 적게 지원한다. 대체적 분쟁 해결 방법을 위한 법적 조력은 대다수 국가에서 거의 활용되지 못하고 있다. 또한 공적인 기관에서 지원하는 변호사의 경우 개인이 선임하는 변호사에 비해 전문성이 부족하다는 인식이 평등한 사법 접근을 방해하는 요소가 된다.

(3) 기관의 분화

법률과 사법 서비스를 제공하는 기관이 분화되거나 협조가 제한되었을 때 사법 접근성이 제한된다. 법률과 사법 서비스는 사적 또는 공적인 기관에서 다양하게 제공할 수 있다. 일부 서비스 제공자는 서로 다른 형태의 관할권과 자격 기준을 세워서 자율적으로 운영하고 있다. 하지만 서비스 수요자의 필요에 따라 서비스를 제공하고 있다고 보기 어렵다. 기관이 여러 개로 분화되고 서로 조정이 이루어지지 않으면 법률 제도에 취약한 계층이 해결 방법을 찾는 데 상당한 어려움을 겪을 수 있다. 법률 서비스와 조력에 대한 대기 시간이 길어지면 발생한 문제가 악화되고 이에 따라 분쟁 해결 비용이 증가하게 된다.

II. 사법 수요조사

지금까지 언급한 바와 같이 사법 접근성은 국민의 기본권 보장과 직접 연결되며, 유엔이 제시한 지속 가능한 발전 목표를 달성하기 위해 필수적인 요소이다. 이러한 정책을 효과적으로 구현하기 위해서는 먼저 국가의 법적 요구를 파악하는 것이 필요하다.[48] '사법 수요조사'는 사법 접근성이 충분히 달성되지 않았을 때 개인과 사회가 치러야 하는 문제를 파악하고 평가하기 위한 문답형 조사 방법[49]으로 전 세계적으로 널리 사용되고 있다.[50]

한국에서는 2018년 OECD와 OSJI(The Open Society Justice Initiative, 열린사회정의주도회의)가 공동 개발한 설문[51]을 활용하여 국민의 사법 접근성을 조사한 바가 있다. 이 보고서는 4년간(2018년도 기준) 법적 분쟁 경험에 관련된 조사 결과를 발표했다.[52]

이 조사의 대상은 일반인, 법률구조공단 방문인, 전문가이며 온라인과 오프라인으로 시행했다. 일반인 오프라인 조사는 17개 광역시도 만 19세 이상 성인 2,137명을 대상으로 태블릿 PC를 활용하여 개별 면접 조사를 진행했다. 일반인 온라인 조사는 17개 광역시도 만 19세 이상 성인 1,016명을 대상으로 이메일을 통해 조사했다. 그리고 법률구조공단 방문인 1,000명을 대상으로는 태블릿 PC 를 활용하여 개별 면접 조사를 진행했다. 전문가는 대한변호사협회 회원(변호사) 과 전국 법학 대학교, 법학전문대학원 교수 265명을 대상으로 온라인 조사 배너 형 링크와 이메일을 활용하여 조사했다.

1 분쟁 경험 여부와 종류

먼저 법적 분쟁의 경험 여부에 관해 중복응답으로 조사한 결과, 법률구조공 단 방문인(100%), 일반인 온라인 응답자(55.9%), 전문가 응답자(43.4%), 일반인 오 프라인 응답자(15.2%) 순으로 그러한 경험이 있다고 응답했다.

구체적으로 보면 일반인 오프라인 응답자가 경험한 주요 사건은 돈(2.8%), 소 비자(2.4%), 채무(2.3%) 문제이고, 일반인 온라인 응답자의 경우 소비자(31.1%), 돈 (15.9%), 주거(15.2%) 문제로 나타났다. 법률구조공단 방문인이 주로 경험한 분쟁 의 종류는 고용·노동(23.7%), 돈(18.3%), 채무(13.8%) 문제이고, 전문가 응답자의 경우 소비자(21.9%), 주거(17.0%), 토지(10.9%) 문제를 경험했다고 응답했다.

여기서 돈 문제는 보험금 청구 거절, 속아서 보험 상품에 가입한 것 등을 그 내용으로 한다. 소비자 문제는 제품 또는 서비스의 결함으로 환불이 곤란한 경우 를 들 수 있으며, 주거 문제는 임대인과 임차인과의 분쟁, 층간 소음 등 이웃 간 의 문제를 예로 들 수 있다. 일반인 온라인 응답자는 '임대조건 또는 퇴출 상황' 을, 일반인 오프라인 응답자는 '이웃과의 분쟁'을 가장 빈번하게 경험했다고 응답 했다. 그리고 토지 문제는 토지 소유권 이전 문제, 건축 허가 관련 문제 등이 있다.

1~3위에 속하지 않았지만 그 밖에 가사사건과 관련된 분쟁을 살펴보면, 일 반인 오프라인 응답자와 법률구조공단 방문인은 '이혼' 사건을 가장 빈번하게 경 험했으며, 일반인 온라인 응답자와 전문가 그룹의 경우 '상속' 사건을 가장 많이 경험한 것으로 조사됐다.

	경험 비율	경험한 분쟁의 상위 비율		
		1위	2위	3위
일반인(오프라인)	15.2%	돈 (2.8%)	소비자 (2.4%)	채무 (2.3%)
일반인(온라인)	55.9%	소비자 (31.1%)	돈 (15.9%)	주거 (15.2%)
법률구조공단 방문인	100.0%	고용·노동 (23.7%)	돈 (18.3%)	채무 (13.8%)
전문가	43.4%	소비자 (21.9%)	주거 (17.0%)	토지 (10.9%)

출처: 최승재·김순희·최재원, 2018

2 분쟁 해결을 위한 자문 요청

다음으로 분쟁이 발생했을 때 누구에게 자문했느냐는 설문에 대해서 중복응답을 기준으로 한 결과 일반인 오프라인 응답자는 '가족, 친구 또는 지인'이라는 응답이 가장 많았고, 일반인 온라인 응답자는 '자문의 응답을 받은 경험이 없음'에서 가장 높은 응답을 보였다.

법률구조공단 방문인의 경우는 '중앙정부, 도·시 등 정부의 부서, 기관, 의회 또는 정치인'이라는 응답이 많았고, 전문가의 경우 '변호사, 전문 자문가, 자문 서비스 또는 자문 전화 상담 서비스'를 통해 자문을 얻거나 소송을 맡긴 경험이 많다고 응답했다.

▶ **표 4** 분쟁 해결을 위한 자문 요청 (중복응답)

	1위	2위	3위
일반인 (오프라인)	가족, 친구 또는 지인 (32.0%)	자문받은 경험이 없음 (28.8%)	변호사, 전문 자문가, 자문 서비스 또는 자문 전화 상담, 서비스 (24.9%)
일반인 (온라인)	자문받은 경험이 없음 (39.2%)	가족, 친구 또는 지인 (30.9%)	변호사, 전문 자문가, 자문 서비스 또는 자문 전화 상담, 서비스 (22.9%)
법률구조 공단 방문인	중앙정부, 도, 시 등 정부의 부서, 기관, 의회 또는 정치인 (26.5%)	자문받은 경험이 없음 (25.4%)	법원(또는 재판소)이나 다른 분쟁 해결 기관 (21.0%)
전문가	변호사, 전문 자문가, 자문 서비스 또는 자문 전화 상담, 서비스 (46.9%)	자문받은 경험이 없음 (39.6%)	가족, 친구 또는 지인 (12.5%)

출처: 최승재 · 김순희 · 최재원, 2018

3 분쟁 해결 방법

분쟁 해결 과정에서 밟은 조치를 살펴보면 모든 집단에서 '문제 및 분쟁의 상대방과 연락함'이 가장 높은 응답률을 보였다.

▶ **표 5** 분쟁 해결 방법 (중복응답)

	1위	2위	3위
일반인 (오프라인)	문제 및 분쟁의 상대방과 연락함 (61.2%)	분쟁 당사자가 법원(또는 재판소)에 소송을 제기하는 등 사법절차를 이용함 (21.7%)	협상이 존재하지 않거나 제3자가 개입하지 않음 (11.3%)
일반인 (온라인)	문제 및 분쟁의 상대방과 연락함 (54.1%)	분쟁 당사자가 법원(또는 재판소)에 소송을 제기하는 등 사법절차를 이용함 (14.9%)	협상이 존재하지 않거나 제3자가 개입하지 않음 (14.3%)

법률구조 공단 방문인	문제 및 분쟁의 상대방과 연락함 (47.8%)	분쟁 당사자가 법원(또는 재판소)에 소송을 제기하 는 등 사법절차를 이용함 (20.4%)	무응답(11.0%)
전문가	문제 및 분쟁의 상대방과 연락함(55.2%)	분쟁 당사자가 법원(또는 재판소)에 소송을 제기하 는 등 사법절차를 이용함 (22.9%)	분쟁 당사자가 분쟁 해결 절차에 청구 또는 이용 (15.6%)

출처: 최승재·김순희·최재원, 2018

4 분쟁 해결에서 전문적 자문을 활용하지 않은 이유

위의 살펴본 바와 같이 분쟁 해결에 변호사 등의 자문 활용도는 낮은 것으로 나타났는데 그 이유에 관하여 일반인 응답자(오프라인, 온라인), 법률구조공단 방문인 응답자는 '경제적 비용을 우려했음' 항목에 가장 많이 답변했고, 전문가 응답자는 '자문이 필요 없다고 생각했음'에 가장 많은 응답을 했다. 특히 법률구조공단 방문인은 타 응답자와 비교하여 '경제적 비용을 우려했음'이라는 응답이 상대적으로 높게 나타났다.

▶ **표 6** 자문하지 않은 이유 (중복응답)

	1위	2위	3위
일반인 (오프리인)	경제적 비용을 우려했음 (25.8%)	자문이 필요 없다고 생각했음 (23.6%)	자문이 필요한 만큼 중 요하다고 생각하지 않음 (20.2%)
일반인 (온라인)	경제적 비용을 우려했음 (20.4%)	어디서 어떻게 자문을 얻는지 몰랐음 (19.9%)	자문이 필요한 만큼 중 요하다고 생각하지 않음 (18.5%)
법률구조 공단 방문인	경제적 비용을 우려했음 (47.0%)	어디서 어떻게 자문을 얻는지 몰랐음 (17.4%)	시간이 오래 걸릴 것을 우 려했음 (15.3%)

전문가	자문이 필요 없다고 생각했음 (34.2%)	결과에 어떤 영향을 끼치지 않을 것으로 생각함 (31.6%)	너무 스트레스를 많이 받을 것으로 생각함 (21.1%)

출처: 최승재·김순희·최재원, 2018

5 과정과 결과의 공정성 인식

분쟁이 종결될 때까지 과정과 결과의 공정성에 대해서 살펴보면 대체로 '공정했다'라는 응답이 더 많았다. 일반인 오프라인 응답자의 경우 불공정 인식이 가장 낮게 조사되었으나(28.5%) 나머지 조사집단에서 불공정하다는 인식이 40%를 넘기거나 이에 가까운 수치를 기록했다.

또한 최종 결과와 관련하여 공정했는지에 대해 모든 대상으로부터 공정했다는 응답이 절반 정도로 높게 나타났다. 일반인 오프라인 응답자의 경우 불공정 인식이 가장 낮게 조사됐으나(31.2%), 나머지 조사집단에서는 모두 불공정하다는 응답이 40%를 넘어 상대적으로 높은 수치를 나타냈다.

▶ 표7 과정과 결과의 공정성 인식

	과정의 공정성		결과의 공정성	
	공정	불공정	공정	불공정
일반인 (오프라인)	71.5%	28.5%	68.8%	31.2%
일반인 (온라인)	53.9%	46.1%	53.9%	46.1%
법률구조공단 방문인	60.4%	39.6%	56.3%	43.8%
전문가	51.9%	48.1%	53.8%	46.2%

출처: 최승재·김순희·최재원, 2018

제3절 소결

　지능정보 사회의 도래를 맞이하여 각 산업 분야가 디지털로 전환되고 있다. 사법 분야에서도 지능 정보화 시대에 알맞은 사법 체계를 구축하여 사법의 지능 정보화가 빠르게 진행될 것으로 보인다. 사법의 지능 정보화를 뒷받침하는 중심에는 국민의 사법 참여를 실질적으로 증진하기 위한 사법 접근성의 강화가 있다고 할 수 있다.

　사법 접근성을 파악하기 위한 사법 수요조사의 결과를 먼저 법적 분쟁의 경험 여부와 관련하여 보면 일반인 온라인 응답자(55.9%)와 일반인 오프라인 응답자(15.2%)의 응답 비율에 차이가 있다. 이 보고서는 온라인과 오프라인 설문 조사 차이의 원인을 사적인 문제에 관해 직접 공개하지 않으려는 한국 문화에서 찾았다.[53]

　그리고 이 조사는 분쟁 해결에서 응답자들이 상대방과 직접 연락하여 해결하려는 경향이 높은 현상을 보여 주고 있다. 이에 관하여 보고서는 사법 접근성이 부족한 점을 지적하면서 전문가를 통하지 않은 비효율적인 해결은 분쟁을 장기화할 가능성이 있다고 분석했다.[54] 또한 일반인들이 변호사 선임을 위한 정보가 부족하다고 언급하며 정보 비대칭성에 대한 문제도 지적했다.[55]

　이처럼 사법 수요조사를 통하여 법적 정보를 충분히 받을 수 있는 체계적이고 효율적인 사법 제도가 더욱 필요함을 알 수 있다. 이 문제에 대해 인공지능을 활용하여 사법 체계를 구축하고 사법 수요자가 사법 정보에 더욱 쉽게 접근하는 방법을 제안하려고 한다. 이 연구는 법학과 공학의 학문 간 협력이 필요한 연구이기 때문에 법학의 논의에 앞서 기술적인 부분을 살펴볼 필요가 있다. 다음은 인공지능 기술의 일반적인 내용을 서술하고 재판예측과 챗봇 연구를 중심으로 사법 분야에서 인공지능에 관한 연구를 소개한다.

두 주제, 두 규율, 두 문화, 즉 두 은하계가 충돌하는 지점은 창조의 기회를 반드시 마련해 줄 것이다. 정신 활동의 역사에 어떤 돌파구를 찾은 곳이다. 이제 그곳에 기회가 있다.

- C. P. 스노우, 케임브리지 리드 강연

제2장

인공지능 기술 일반과 사법 분야에서의 연구

제1절 인공지능 기술 일반

> 인공지능이란 무엇일까?

I. 인공지능의 의의와 컴퓨팅 사고

1 인공지능의 개념

　인공지능(Artificial Intelligence, AI)이라는 것은 무엇일까? 현재 이와 관련하여 다양한 정의가 있는데, 필자가 챗지피티(ChatGPT)에 인공지능이 무엇인지에 관해 물었다. 이에 따르면 "인간처럼 생각하고 행동할 수 있는 지능 있는 기계를 만들기 위한 컴퓨터 과학의 광범위한 분야"라고 한다.[56]

　미국 버클리 대학 스튜어트 러셀(Stuart Russell) 교수는 인공지능에 관하여 정의하면서 인간성과 합리성, 사고와 행동을 서로 결합하여 다음과 같이 네 가지 개념으로 분류했다.[57] 그것은 인간처럼 생각하기(thinking humanly), 인간처럼 행동하기(acting humanly), 합리적으로 생각하기(thinking rationally), 합리적으로 행동하기(acting rationally)이다.[58] '인간처럼'이라는 접근 방법은 인간의 행동이나 사고 과정에 관하여 관찰과 가설이 포함된 심리학이 주요 연구 분야가 된다.[59] 반면에, '합리적으로'라는 접근 방법은 수학과 공학의 결합뿐 아니라 통계학, 경제학 등의 학문을 포함하고 있다.[60]

인간처럼 생각하기 (thinking humanly)	인간처럼 행동하기 (acting humanly)
인지과학적 접근 (The cognitive modeling approach)	튜링 테스트61 접근 (The Turing test approach)
합리적으로 생각하기 (thinking rationally)	합리적으로 행동하기 (acting rationally)
사고의 법칙으로 접근 (The "laws of thought" approach)	합리적인 에이전트로 접근 (The rational agent approach)

출처: Russell & Norvig, 2020[62]

이 중에서 일반적으로 인공지능의 개념은 '합리적으로 행동하기'를 기준으로 정의한다.[63] 그 까닭은 '행동하기'를 기준으로 평가하는 것이 '생각하기'를 기준으로 하는 것보다 더 보편적인 경우에서 적용될 수 있으며, '합리적'이라는 기준이 '인간적'이라는 기준보다 수학적으로 잘 정의되어 있기 때문이라고 한다.[64]

또한 인공지능에 대해 실용적으로 이해하는 방법은 인공지능을 수학의 함수(function)로 보는 것이다.[65] 함수는 입력 변수(x)를 출력 변수(y)에 대응하는 것을 말한다.[66] 최근 대부분 인공지능의 발전은 어떤 입력 데이터가 신속한 어떤 결과를 생성해 내는 형식을 통해 이루어진다고 볼 수 있다.[67]

한편, 인공지능에 대한 정의를 규범에서 살펴보면 EU의 「유럽을 위한 인공지능(Artificial Intelligence for Europe)」에서 인공지능에 대한 정의를 규정했고 그 후에 고위 전문가 그룹에서 그 개념을 보완했다. 이곳에서 "인공지능 시스템이란 복합적인 목표가 주어졌을 때 데이터의 획득을 통해 자신의 환경을 인식하고, 그렇게 수집된 구조적 혹은 비구조적인 데이터를 해석하거나, 그 데이터에서 도출되는 지식을 추론하고 정보를 처리하여 목적 달성을 위해 취해야 할 최선의 조치를 결정하며, 물리적 혹은 디지털 차원에서 작동하는, 인간에 의해 설정된 소프트웨어 또는 하드웨어"라고 언급하고 있다.[68]

그리고 EU의 인공지능법(Artificial Intelligence Act)[69]에서는 "인공지능 시스템이란 기계학습이나 논리 및 지식 기반 접근 방식, 통계적 접근 방식과 같은 사항[70]

중에서 하나 이상을 이용하여 개발된 소프트웨어를 말한다(제3조 및 부속서 I)"라고 규정하고 있다. 그리고 "이것은 인간이 정의한 목적에 따라 내용, 예측, 권장 사항, 결정과 같이 결과물을 생성할 수 있으며 상호작용하는 환경에 영향을 미칠 수 있다(제3조)"라고 설명하고 있다.

2 인공지능의 종류

(1) 강한 인공지능과 약한 인공지능

인공지능의 종류는 일반적으로 버클리 대학(University of California, Berkeley)의 존 설(John R. Searle) 교수가 제시하는 '강한 인공지능(strong AI)'과 '약한 인공지능(weak AI)'의 분류를 따르고 있다.[71] 존 설 교수는 인공지능을 '마음(mind)'과 관련하여 설명하는데 약한 인공지능이라는 것은 강력한 도구지만 강한 인공지능은 단지 도구가 아니라 마음(mind)이며 인지적 상태(cognitive states)를 지니고 있다고 한다.[72]

한편, 강한 인공지능과 약한 인공지능을 사고 가능 여부와 문제 해결 능력의 유무로 구분하기도 한다.[73] 이에 따르면 약한 인공지능은 스스로 사고하면서 문제를 해결할 수 있는 능력을 보유하지 못하지만, 강한 인공지능은 스스로 사고하고 문제를 해결할 수 있는 능력을 갖춘 컴퓨터 기반의 인공지능이라고 본다.[74] 일반적인 상황에 두루 적용할 수 있으므로 범용 인공지능(artificial general intelligence, AGI)이라고 한다.[75]

이렇게 본다면 강한 인공지능이란 실제로 사고하는 능력을 보유하고 지능적인 말과 행동을 하는 기계라 할 수 있는데 현재 실현하기 어려운 단계이다.[76] 인간의 사고 과정에 대해서는 아직 밝혀지지 않은 부분이 많아서 '실제로 사고하는 능력'이 무엇인지를 정의하는 데 어려움이 있다.[77]

반면에 약한 인공지능이란 내부 과정으로 사고하는 능력이 없어도 외부에서 보기에 지능이 필요한 기능을 수행할 수 있는 기계를 말한다.[78] 약한 인공지능은 생각하는 과정보다는 대화, 데이터 분석, 진단과 처방 등 지능적인 기능의 실현을 목표로 한다.[79] 사고 과정보다는 기능을 중요시하기 때문에 응용 인공지능(applied AI)이라 부르기도 한다.[80]

(2) 약한 인공지능의 종류

현재는 강한 인공지능보다 약한 인공지능이 활발하게 활용되고 있다. 약한 인공지능은 ① 단순 제어프로그램 ② 고전적인 인공지능 ③ 기계학습을 이용한 인공지능 ④ 딥러닝을 이용한 인공지능으로 분류할 수 있다.[81]

1단계는 단순히 제어프로그램을 인공지능이라고 칭하는 경우이다. 마케팅으로 인공지능이라고 하는 경우인데 인공지능을 자칭한 에어컨이나 청소기, 세탁기 등의 상품을 말한다. 이런 상품에 사용하는 기술은 이미 역사가 긴 제어공학이나 시스템공학의 학문 분야이다.

2단계는 고전적인 인공지능으로 청소 로봇이나 고전적인 퍼즐을 푸는 프로그램이 여기에 해당한다. 이 단계에 인공지능은 적절한 판단을 하기 위해 추론을 하거나 탐색을 하며, 기존에 지닌 지식을 기반으로 판단한다.

3단계는 기계학습(machine learning)을 이용하는 단계로 인공지능이 빅데이터를 활용하여 자동으로 판단하는 단계이다. 기계학습은 표본 데이터를 바탕으로 스스로 학습한다. 종래의 패턴 인식 연구를 기초한 이 기술은 최근 빅데이터 시기를 맞이하면서 더욱 발전하고 있다.

4단계는 딥러닝(deep learning)을 활용한 인공지능을 말한다. 이 단계에서는 기계학습에서 데이터를 나타내기 위해 이용하는 입력값(input) 자체를 학습한다. 기계학습이나 딥러닝 등에 대해서는 후술하기로 한다.

인공지능을 강한 인공지능과 약한 인공지능으로 분류하고 있지만 그 경계선은 명확하지 않다고 볼 것이다.[82] 현재 기술 수준은 대부분 약한 인공지능 상태이며, 인공지능은 인간의 지시에 따라 한정된 범위에서 자율적으로 행동할 것으로 보인다.[83] 이 책에서 논의하고 있는 사법 분야에 인공지능 도입에 관한 내용은 주로 약한 인공지능으로 전제하고 있다.

3 알고리듬과 컴퓨팅 사고력

인공지능이라는 프로그램을 만들기 위해 알고리듬(algorithm)[84]을 설계해야 한다. 알고리듬은 주어진 문제 해결을 위해 작업을 수행할 때의 순서를 일컬으며 문제 해결의 첫걸음이라고 할 수 있다.[85] 일상생활에서 볼 수 있는 컴퓨터 조립

순서, 음식 조리법, 택배 배달 순서 등도 알고리듬에 속한다.[86]

알고리듬에 대하여 알기 위해 컴퓨터와 관련된 사고력을 이해할 필요가 있다. 이를 컴퓨팅 사고력(computational thinking)이라고 하는데 먼저 주어진 복잡한 문제가 무엇인지 이해하고, 이 문제들을 작은 문제들로 분해한 후 다양한 방법들을 사용하여 이 작은 문제에 대한 답을 찾는 것이다.[87] 컴퓨팅 사고력은 과학자뿐만 아니라 모든 인간에게 필요한 기본적인 기술(fundamental skills)이다.[88] 또한 컴퓨팅 사고력을 가지면 공학, 법학, 비즈니스, 심지어 예술 분야까지 수행이 가능한 것으로 보기도 한다.[89] 이 용어는 시모어 페퍼트(Seymour Papert) 교수가 처음 사용했고 쟈넷 윙(Jeannette Wing) 교수가 이를 대중화한 것으로 알려졌다.[90]

컴퓨팅 사고의 네 가지 단계를 자세하게 살펴보면 다음과 같다.[91] 첫 번째는 문제 분석 단계이다. 문제를 이해하고 관련되지 않은 사항은 제거하며, 입력으로부터 어떤 처리 과정을 거쳐서 출력이 구해지는가를 서술한다. 두 번째 단계는 문제 분해 과정이다. 분해(decomposition)란 크고 복잡한 하나의 문제를 다루기 쉬운 작은 여러 개의 문제로 나누는 과정을 말한다. 작은 문제로 나누어도 해결하기가 어렵다면 다시 더 작은 문제들로 분해한다. 어디까지 분해할 것인가를 결정하는 데는 경험과 연습이 필요하다. 이렇게 작은 문제들을 해결할 수 있다면 이들을 합하여 원래의 문제에 대한 해결책을 구한다.

세 번째는 추상화 단계로 중요하지 않은 부분들은 무시하고 문제의 핵심에 집중하는 단계이다. 마지막으로 문제 해결 단계들을 올바른 순서대로 작성해야 하는 데 이를 알고리듬이라고 한다. 이러한 컴퓨팅 사고의 네 단계를 거친 후 프로그래밍 언어[92]로 알고리듬 프로그램을 구현한다.

프로그래밍 언어의 하나인 파이썬(Python)은 읽기 좋은 언어로 고안되었고 자연어를 처리하는 데 적합한 기능을 갖추어, 다른 프로그래밍 언어보다 비교적 활용하기 쉬운 것으로 알려져 있다.[93] 자연어 텍스트에서 정보와 명령을 추출하여 직접적인 동작을 끌어낼 수 있다.[94] 그 동작 중의 하나가 '대화 엔진' 또는 챗봇의 기능인데, 문장을 제시했을 때 이에 대응하는 단어들로 이루어진 문구를 생성하는 것이다.[95]

그리고 프로그래밍 언어를 통해 프로그래밍을 구현하고 결과에 오류가 있는 경우 수정한다.[96] 이런 과정을 디버깅(debugging)이라고 한다.[97] 대규모 소프트웨어 개발은 작은 부분으로 나눠서 개발해야 하는 매우 복잡한 프로젝트이다.[98] 큰 규모의 업무를 작은 단위로 나누고, 각각의 프로그래머들이 작은 단위의 프로그램을 작성하여 하나로 모으는 것이 바람직한 방법이 되고 있다.[99]

알고리듬은 법률 서비스에서 큰 장점으로 적용될 것으로 보고 있는데 인공지능이 소송을 가장 높은 확률로 이기는 방법을 추천할 수 있기 때문이라고 한다.[100] 편향적 사고나 감정이 개입되지 않고 오직 방대한 데이터를 바탕으로 한 확률적 계산에만 근거해 조언을 주기 때문에 법률 분야에서 인간이 인공지능에 대한 신뢰를 쌓는 것은 어렵지 않을 것으로 보고 있다.[101]

II. 인공지능의 구현 방법

1 휴리스틱 탐색

인공지능의 구현 방법을 살펴보면 먼저 휴리스틱 탐색을 들 수 있다. 초기 인공지능 연구자들은 인간의 지능을 모방하는 모델을 만들기 위해 노력했는데, 체스와 같은 게임을 이용하여 '탐색'이라는 방법으로 접근했다.[102] 출발점에서 승리하는 상태까지 경로를 찾기 위해 탐색할 수 있는 구조, 즉 트리 구조[103]를 만들었다.[104] 하지만 탐색에 걸리는 시간이 증가하면서 탐색 시간을 줄이는 연구를 하게 됐는데 그중의 하나가 휴리스틱 탐색(Heuristic Search)이다.[105]

휴리스틱은 그리스어로 '찾다, 발견하다'라는 뜻이 있다.[106] 시간과 정보가 충분하지 못한 상태에서 합리적인 판단을 할 수 없거나, 합리적인 판단을 굳이 할 필요가 없는 경우 신속하게 어림짐작하여 답을 찾아내는 과정을 말한다.[107] 우리가 알고 있는 정보를 함수로 만들어서 탐색 순서에서 우선권을 주어, 더욱 빠르게 탐색하게 하려는 것이다.[108]

예를 들면 명의는 몇 가지 핵심 되는 증상에 대한 문진과 병리 자료를 사용하여 진단을 내린다.[109] 매번 엄청난 의학 지식을 되새기지 않아도 그동안 진료 경험을 바탕으로 진단할 수 있다. 그러나 이 진단은 대부분 정확하지만 가끔 조기 진단해야 할 암을 발견하지 못하기도 한다. 이 방법으로는 정답을 찾는 데 한계가 있고[110] 기본적인 탐색에 비해 시간은 적게 걸리지만, 상황이 복잡해지면 탐색에 걸리는 시간이 다시 증가하는 문제가 발생하게 되었다.[111]

2 규칙 기반 시스템(전문가 시스템)

또 다른 인공지능 구현 방법은 규칙 기반 시스템(rule-based system)을 생각할 수 있다. 규칙 기반 시스템이란 컴퓨터 프로그램 코드로 특정 상황에 대한 규칙을 미리 입력하고 입력한 규칙을 바탕으로 추론을 수행하는 것을 말하는데, 전문가가 규칙을 입력해야 하므로 전문가 시스템(expert system)이라고도 한다.[112]

이 시스템은 인간의 지식을 논리적 규칙 형태로 만들어 축적한 후, 어떤 문제를 입력했을 때 그 논리적 규칙을 통해 논리적 추론 엔진에서 '자동'으로 해결하여 출력되는 시스템을 구현하려 한다.[113] 예컨대, ① 만약 '갑'이라면 '을' ② 만약 '을'이라면 '병'이라는 지식을 알고 있다고 가정해 본다. 이때 규칙의 형태는 '만약 갑이라면 을' 혹은 'if 갑, then 을'이고, '갑 → 을'이라는 논리식으로 표현할 수 있다. 그리고 이 논리식을 이용하여 새로운 사실을 추론해 낼 수 있다. 즉, '갑 → 을'이라는 규칙과 '을 → 병'이라는 규칙이 있으므로, 논리식에 의해 '갑 → 병'이라고 추론할 수 있다.[114]

1980년대 영국에서 이 시스템을 영국 국적인지 추론하기 위해 법률 분야에서도 활용하고자 시도한 적은 있으나 널리 활용되지 못했다.[115] 그 이유는 입력된 규칙이 200에서 300건이 되면 실행 성능이 저하되고,[116] 관리자가 모든 상황에 따라 일일이 규칙을 생산하고 유지하는 것이 사실상 불가능했기 때문이다.[117]

전문가의 지식을 축적한다고 해도 전문가마다 의견이 다를 수 있고 서로 모순될 수가 있다. 전문가가 없는 분야는 지식으로 표현할 수 없게 된다.[118] 그리고 어떻게 인간의 암묵적인 지식을 모두 명시적인 규칙 형태로 표현하고 저장하는지에 관해 의문이 제기된다. 요컨대, 휴리스틱 탐색이나 규칙 기반 시스템은 아직도 일부 특정 분야에서 유용하게 활용될 수 있다. 그러나 이 방법들이 한계에 부딪히면서 그 방안으로 '데이터'를 사용한 방법이 등장했는데 이것을 일반적으로 기계학습 방법이라고 한다.

III. 기계학습과 딥러닝

1 기계학습의 등장 배경과 개념

기계학습 기술은 빅데이터 출현과 함께 산업화의 모습을 띠게 된다.[119] 1990년을 전후로 개인용과 사무용 컴퓨터가 보급되어 수많은 데이터가 전자화되었으며 데이터베이스 형태로 축적되었다.[120] 이후에 인터넷과 웹이 등장하여 웹 문서와 이메일과 같은 텍스트 데이터가 보급되었을 뿐 아니라, 전자상거래를 통해 비즈니스 데이터가 데이터베이스화됐다. 2000년대 중반에는 유튜브, 스마트폰의 탄생으로 사진, 비디오 등의 새로운 데이터가 수집되면서 빅데이터가 등장했다.

데이터 기반 방법으로 한 인공지능은 수행할 작업에 필요한 지식을 직접 받는 대신 정보가 포함된 데이터에서 유의미한 정보를 스스로 학습한다.[121] 여기서는 작업에 필요한 정보를 데이터로부터 효과적으로 추출하고 추상화할 수 있는 학습모델과 알고리듬이 중요하며, 이 기술을 연구하는 분야를 기계학습(machine learning)이라고 한다.[122] 다시 말하면 컴퓨터가 학습(learning)하는 방법을 연구하는 분야를 기계학습이라고 하는데[123] 여기서 학습이란 경험을 통해 나중에 주어진 같거나 유사한 문제를 잘 해결할 수 있도록 시스템의 구조를 바꾸는 것을 의미한다.[124] 종래의 규칙 기반 시스템은 전문가가 모든 상황을 예측하여 규칙을 일일이 입력해야 하지만, 기계학습을 이용하면 인공지능이 학습 과정을 거쳐 함수를 추론해 낸다.[125]

기계학습 모델은 학습되기 전 단계에서는 임의의 결과를 출력하지만, 학습을 통해 매개 변수나 구조에 반복적인 조정을 거치며 훈련된 후에는 목표를 달성할 수 있는 기능을 배운다.[126] 이 모델은 수학적인 최적화 기법에 따라 학습이 이루어지기 때문에 데이터가 충분히 제공된다면 문제 해결을 위해서 규칙이나 지식을 별도로 요구하지 않는다.[127] 기계학습은 학습 데이터가 많으면 많을수록 성능이 높아지는데, 최근 인터넷과 빅데이터에 대한 기술이 발달함에 따라 과거보다 데이터의 수집이 훨씬 쉬워졌고 기계학습 시스템이 우수한 성과를 나타내고 있다.[128] 기계학습 분야는 사법부에서 인공지능과 관련하여 주목받고 있는 기술이다.[129]

2 기계학습의 종류

기계학습에는 지도 학습과 비지도 학습 그리고 강화 학습이 있다.

(1) 지도 학습과 비지도 학습

지도 학습(supervised learning)은 입력과 대응하는 출력을 데이터로 제공하고 대응 관계의 함수를 찾는 것을 의미한다.[130] 예를 들어 어떤 사람이 테니스 치는 날의 기상 상황에 대한 데이터가 있다고 하자.[131] 기온, 습도, 바람 등의 날씨 정보와 그에 따라 테니스를 칠지에 대한 정보가 있으면, 기계학습은 이 데이터로부터 이 사람이 어떤 특정한 날에 테니스를 칠지 말지에 대해 예측할 수 있다. 학습을 할 수 있을 때 사용하는 데이터를 학습 데이터(training data)라고 한다. 다시 말하면 지도 학습은 학습 데이터에 입력(날씨 정보)과 출력(테니스 여부) 정보가 함께 있을 때의 학습 방법이다.

반면 비지도 학습(unsupervised learning)이란 입력 데이터가 내재하여 있는 패턴을 발견하는 것으로, 출력 정보가 없는 학습 데이터에 대해 학습을 하는 것이다. 데이터만 주어진 상황에서 유사한 것들을 서로 묶는 군집화(clustering), 데이터의 공간에서 분포를 찾는 밀도 추정(density estimation) 등이 있다.

(2) 강화 학습 (reinforcement learning)

강화 학습은 컴퓨터 공학자인 리처드 서튼(Richard Sutton)이 그의 저서 「강화 학습 개론(Reinforcement Learning: An Introduction)」에서 "시간차 학습(temporal difference learning)"이라고 소개했다.[132] 학습의 주체(인공지능에서는 '에이전트 agent'라고 한다)가 특정 환경에서 행동을 선택할 때 최대한 보상이 큰 방향으로 선택할 수 있도록 학습 알고리듬을 프로그래밍하면 인공지능이 강화 학습을 했다고 할 수 있다.

이러한 학습을 위하여는 수많은 데이터가 필요하고, 특정 행동에 대하여 보상받았는지 아닌지에 대한 자료 또한 필요하다. 이 학습의 결과를 바탕으로 인공지능은 유사한 사례가 발생했을 때 행동을 선택하게 된다. 즉, 인공지능은 방대한 데이터에 의해 강화와 억제 사이에서 학습한다고 볼 수 있다. 이것은 뇌의 작동원리에서 중요한 원리를 기계적으로 적용한 것이다. 과거에는 감독관

(supervisor)이 강화할지 억제할지에 관하여 일일이 프로그램으로 지시했지만, 현재의 인공지능은 학습 데이터만 잘 갖춰지면 스스로 학습할 수 있는 기능이 있다.

(3) 학습 과정

기계학습에서의 '학습'은 인간이 무엇을 익히거나 배우는 학습의 의미와 다소 다른 개념이며, 컴퓨터와 수학이 혼합된 치밀한 계산과정이라고 볼 수 있다.[133] 알고리듬이 학습하는 과정을 살펴보면 1단계는 추상적 단계(가설단계)로, 단순한 1차 함수를 가정해 보면 가설함수 "$H(x)=Wx+b$"로 표현할 수 있다. 이때는 'W'와 'b'는 구체적으로 값을 알지 못하는 상태이다. 2단계는 구체적 단계(학습 단계)로 최적의 'W'와 'b'를 결정하여 가설함수가 최대한 잘 예측할 수 있는 최적의 함수를 찾아야 한다. 최적의 'W'와 'b'를 찾아내면 "$H(x)=Wx+b$" 함수가 결정되고 여기에 새로운 데이터 'x'값을 입력하면 가설함수의 결과인 $H(x)$값이 출력된다.

최적의 'W'와 'b'를 찾아내기 위해서는 기준이 필요한데, 일반적으로 오차를 기준으로 한다. 오차란 예측값과 실제값의 차이를 모두 더한 값을 말한다. 오차가 작으면 작을수록 예측을 제대로 하고 있다는 의미가 된다. 이러한 오차를 '비용(cost)' 혹은 '비용함수(cost function)'라고 한다. 비용함수를 통하여 최적의 'W'와 'b'를 찾아낸다. 하지만 수많은 데이터를 처리하기 위해 일일이 계산할 수 없고, 이 경우 이미 수학자들이 개발한 다양한 자동화 기술 등을 이용하여 컴퓨터에서 빠르게 계산한다.[134]

3 인공신경망과 딥러닝

그다음에 살펴볼 엄청난 위력을 가진 딥러닝은 기계학습의 하나의 방법론이며 신경망 구조로 되어 있다.[135] 인공신경망은 인간의 신경망을 인공적으로 모방하는 방법론이다.[136] 인간의 뇌는 '세포체'와 '축삭돌기', '수상돌기'로 구성되어 있고, 뉴런들을 이어주는 부분을 '시냅스'라고 한다. 시냅스에서는 화학물질을 통해 다른 뉴런으로 신호가 전달된다. 인간 신경망의 네트워크와 정보 전달체계에서 영감을 받아 모형화한 것이 인공신경망이다. 인공신경망은 여러 개의 층으로 구성된 다층 네트워크 구조로 되어 있는데 입력층, 중간층(은닉층), 출력층으로 구분할 수 있다. 각 층은 다수의 인공 뉴런으로 이루어져 있고, 이러한 뉴런들이 연결되어서 전체 네트워크가 작동한다.

▶ 심층 신경망 (Deep Neural Net)

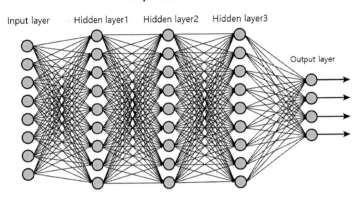

Deep Neural Network

출처: Towards Data Science[137]

각 인공 뉴런은 들어오는 입력값과 각 연결선에 대한 가중치를 곱한 값을 모두 합한 후에, 그 값을 '활성 함수(activation function)'에 입력한다. 최종 판결자인 활성 함수의 결과가 출력되면 그다음 층층이 배치된 뉴런들이 입력과 출력을 이어간다. 학습한다는 것은 뉴런을 이어주는 연결선의 가중치를 변화시키면서 출력(최종 응답)의 오류를 최소화하는 과정이다. 학습을 마치면 이 가중치는 특정 수치로 확정되고 시스템이 최적화된다. 시각 지능이나 언어지능과 같이 어렵고 복잡한 영역에서는 중간층이 다수이며 깊은 구조로 되어 있다. 이런 신경망을 보통 '심층 신경망(Deep Neural Net, DNN)'이라고 부른다. 심층 신경망은 2006년도에 '딥러닝(deep learning)'이라는 이름으로 다시 등장했고, 인터넷과 하드웨어 기술의 발달로 딥러닝은 급속도로 성장할 수 있었다.

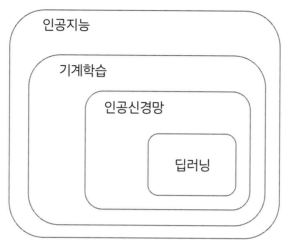

출처: 고학수 외, 「사법부에서의 인공지능(AI) 활용방안」, 2020 참조[138]

고전적인 기계학습은 입력값인 피처(feature)[139]를 사람이 선택하지만, 딥러 닝은 다수 단계의 계층적인 학습 과정을 통해 스스로 적절한 피처를 생성해 낸 다.[140] 고전적인 기계학습은 이미 만들어진 피처를 받아 분류기를 학습하지만, 딥 러닝은 막대한 양의 데이터를 학습하여 피처를 스스로 만들고, 그것을 입력값으 로 변화하여 다시 분류기로 옮기는 작업을 동시에 수행한다. 딥러닝의 새로운 모 델들이 계속 등장하고 있는데 그중 합성곱 신경망(Convolutional Neural Network, CNN)이 대표적이다. 이 신경망은 알파고에 장착되어 유명해졌는데 사물의 피처 를 자동으로 찾아내면서 이미지 인식에 고도의 성능을 보인다.

합성곱 신경망 모델의 또 다른 예는 2022년 카타르 월드컵에 도입된 반자동 오프사이드 판독 기술(Semi-Automated Offside Technology, SAOT)을 들 수 있다.[141] 축구 경기의 공정한 판정을 위해 2018 러시아 월드컵에서는 비디오 보조 심판 (Video Assistant Referees, VAR) 기술을 도입한 바 있다. 이때 도입된 비디오 보조 심판은 오프사이드 판독을 위해 방송 텔레비전 카메라를 사용했다. 그 후 카타르 월드컵에서는 인공지능을 기반으로 한 반자동 오프사이드 판독 기술이 시행됐 다. 이 기술은 경기장 지붕에 부착한 카메라 12대가 축구공과 선수들의 움직임 을 추적한 데이터를 활용했다. 판독을 위해 비디오 데이터에서 정보를 추출하고 해석하도록 훈련하는 인공지능 기술이 필요한데, 이때 사용한 것이 바로 합성곱 신경망이다. 인공신경망은 이 논문의 재판예측 부분에서 언급할 의사결정 나무 분석보다 예측력이 높은 것으로 알려져 있다.[142]

　　그 밖에 인공지능과 관련해 주목받는 기술이 자연어 처리 기술이다. 이 기술은 판례가 중요한 데이터인 사법 분야에서 인공지능을 활용할 수 있는 중심이 되는 분야로 여겨지고 있다.[143]

IV. 자연어 처리 기술 일반

1 언어학과 인공지능

　　인공지능은 학문 분야에 폭넓게 영향을 미치고 있으며 언어학에서도 마찬가지이다. 먼저 언어학습에 관한 이론을 살펴보면 1957년 미국의 심리학자 스키너(B.F.Skinner)는 그의 책 「언어적 행동(Verbal Behavior)」에서 언어는 모방(imitation)과 강화(reinforcement) 등을 통해 학습한다는 행동주의적 방식을 제시했다.[144] 그후 미국의 언어학자 노암 촘스키(Noam Chomsky)는 이 책의 서평을 쓰면서 행동주의 이론은 어린아이가 전혀 들어보지 못한 문장을 만들어 내는 '언어의 창조성'을 설명할 수 없다고 비판했다.[145]

　　그는 '생성·변형 언어학(generative-transformational linguistics)'을 제시하면서 인간의 언어는 자극과 반응, 현장에서 수집한 그대로의 자료를 통해 분석할 수 없다고 주장했다.[146] 이후에 인공지능과 현대적인 언어학이 거의 동시에 태어났고 함께 성장했는데 이 둘을 혼합한 전산 언어학(computational linguistics)이나 자연어 처리 분야가 생겨났다.[147]

2 자연어 처리 일반

　　자연어 처리(Natural Language Processing, NLP)라는 것은 인간의 말을 기계언어로 분석해서 컴퓨터가 이해할 수 있는 형태 또는 기계언어를 인간이 이해할 수 있는 자연어로 나타내는 기술을 의미한다.[148] 이것은 인간이 사용하는 자연어 처리에 중점을 두고 있는 컴퓨터 과학과 인공지능의 한 분야이다.[149] 자연어 처리 시스템은 마치 공장의 파이프라인처럼 여러 처리 단계가 연결된 형태이다.[150] 자연어 처리 파이프라인을 가정했을 때 한쪽 끝에 자연어 문장을 넣으면 다수의 처리 단계를 거쳐 다른 끝에서 결과가 출력된다.[151]

컴퓨터가 처음 발명되었을 때부터 컴퓨터 프로그래밍 언어인 '형식 언어 (formal language)'를 사용했다.[152] 프로그래밍 언어는 수학 연산의 집합으로 번역될 것을 전제로 설계하는데, 사람들이 사용하는 자연어는 그렇지 않기 때문에 컴퓨터에 '자연스러운' 것을 처리하라는 요구는 자연스러운 일이 아니다.[153] 자연어 처리 기술의 목적은 인간과 컴퓨터가 사용하는 언어가 달라서 이러한 불편함을 해소하기 위한 것이다.[154] 이 기술을 이용하여 자연어 데이터를 대량 처리하고 컴퓨터에 자연어 이해 시스템을 구축할 수 있다.[155]

자연어 처리 기술은 나날이 발전하고 있다. 우리가 손쉽게 사용하는 구글 번역기는 "오늘 아침에 아침을 먹지 않았다"라는 한글 문장을 영어 문장 "I didn't eat breakfast this morning"으로 번역한다.[156] 자연어 처리의 기술 발전으로 한글 문장에 시간적인 아침과 먹는 아침을 구분하고 있다.[157] 그 밖에 이메일에서 스팸 분류, 기계 번역, 주제 분류, 지능형 검진 엔진, 챗봇 등을 그 예로 들 수 있다.[158]

자연어 처리는 장문의 텍스트 생성이 가능한데, 이를 이용하여 미국 연합통신(AP)에서는 완결된 텍스트로 금융 기사를 작성하고 스포츠 경기 결과 기사를 작성한다.[159] 챗지피티는 소설을 쓰기도 하고 학술 논문 작성까지 작성하는 등 그 영역을 넓히고 있다. 최근 한 의료 논문 사이트에 게시된 의학 논문에서 12명의 저자 중 한 명을 챗지피티로 올리기도 했다.[160]

국내의 경우 생성형 인공지능 시대를 맞이하여 포털사이트 네이버는 2021년 '하이퍼클로바(HyperCLOVA)'를 출시했고, 2023년에는 보다 개선된 '하이퍼클로바X(HyperCLOVA X)'를 선보였다.[161] 이 시스템은 네이버에서 확보한 양질의 한국어 데이터로 학습하고 한국 문화의 맥락을 잘 이해한다고 한다.

▶ 챗지피티가 저자로 실린 의학 사이트 ─────────────

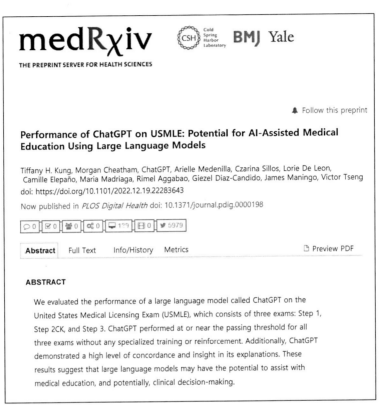

출처: 『medrxiv』[162]

법과 관련하여 자연어 처리 기술은 판례 검색, 소환장 분류, 법리 추론 등에 활용된다.[163] 법률 분야에서도 앞으로 판결문 텍스트를 학습 데이터로 활용하는 인공지능 기술이 더욱 발전할 것으로 평가하고 있다.[164] 또한 자연어 처리는 챗봇 기술과 관련되어 있으며 법률 서비스에 챗봇을 활용하는 연구가 꾸준히 진행되고 있다.

　지금까지 인공지능을 이해하기 위해 기술적인 면을 중심으로 살펴보았다. 다음은 사법 분야에서 인공지능에 관해 어떠한 연구가 진행되고 있는지를 검토한다.

사법 분야에서의 인공지능 연구

> 사법 분야에서는 인공지능에 대해 어떤 연구를 하고 있을까?

I. 알고리듬을 활용한 재판예측

1 재판예측의 필요성과 기계학습의 활용 단계

(1) 재판예측의 필요성

재판을 예측하는 데 알고리듬을 사용한다는 것은 매우 놀라운 발상이다.[165] 일찍이 미국 연방대법관 올리버 웬델 홈즈(Oliver Wendell Homes)는 법과 예측에 관하여 언급한 바 있다. 홈즈 대법관은 "사람들은 어떤 상황에서 얼마만큼 자신이 위험을 감수해야 할지를 알고 싶어 하며, 이 위험을 알아내는 직업이 등장했다"고 하며 "법학 공부의 목적은 예측이며 이 예측은 법원을 통해 발동되는 공권력에 대한 예측이다"[166]라는 의견을 피력한 바 있다.

재판예측은 판사 개인의 성향을 분석하는 방법과 재판에 나타난 사건 자료 자체를 분석하는 방법 등이 있다. 이 논문에서 살펴볼 미국연방법원 재판예측은 전자의 예이며 유럽인권재판소의 재판예측은 후자에 속한다. 판사 개인의 성향을 분석하는 재판예측은, 판결은 재판 자체의 내용보다는 판사의 주관적 성향에 따라 좌우된다는 가설을 바탕으로 한다.[167] 이 가설은 판사가 판단할 때 합리적으로 추론하기보다는 판사의 내적 신념이나 외부 상황에 영향을 받아 오류를 범한다는 이론이다.[168]

툴루즈 경제대학(Toulouse School of Economics) 다니엘 첸(Daniel Chen) 교수는 난민재판에서 판사가 재판할 때 자신이 응원하는 축구팀의 승부나 당일 날씨 등이 재판에 영향을 미친다는 연구를 했다.[169] 이에 대해 인지 편향의 효과를 재판으로 확대하여 해석하는 것은 무리가 있을 수 있지만, 스포츠에서 심판의 오심을 줄이기 위해 비디오 판정이나 인공지능 기술을 도입한 점도 눈여겨볼 필요가 있다는 견해가 있다.[170] 재판에서도 객관성을 높이기 위해 다양한 연구가 진행되고 있으며 재판에 영향을 미치는 판사의 인지 편향에 관한 연구는 알고리듬을 활용한 재판에 중요한 아이디어를 제공하는 것으로 보고 있다.[171]

또한 분쟁 당사자가 자신의 사건에 대해 법원의 판단을 예측할 수 있다면 이는 당사자뿐만 아니라 사회 전반에 걸쳐서 높은 효용을 누리게 될 것이라고 한다.[172] 승소를 예측한다면 승소 결과 후의 처리를 계획할 수 있고, 패소를 예측한다면 패소의 원인이 되는 요소를 더욱 강화하여 보완할 수 있기 때문이다.[173] 나아가 더 이상 보완할 수 없다면 결과를 수용할 수밖에 없을 것이다.[174] 또한 소송 결과를 예측하게 되면 양 당사자가 조정이나 화해의 방법을 적극적으로 모색하게 될 것이고, 과다한 시간과 비용이 드는 소송을 통한 분쟁 해결의 빈도가 감소할 것으로 보고 있다.[175]

재판예측과 관련된 서비스의 예로 미국의 '렉스 마키나(Lex Machina)'를 들 수 있다. 이 회사는 2006년 스탠퍼드 대학의 로스쿨과 컴퓨터공학과가 공동으로 개발한 프로젝트를 바탕으로 성장한 벤처기업이다.[176] 빅데이터에 바탕을 둔 재판예측을 통해 소송 당사자와 변호사의 소송을 돕는 서비스를 제공하고 있다고 한다.[177] 이 서비스는 사건을 담당하는 판사의 성향, 유사 사건에서의 결정 등을 인공지능으로 분석하여 승소 혹은 패소할 확률을 예측한다. 합의할 때는 합의 금액을 분석하기도 한다.

(2) 기계학습의 활용 단계

인공지능을 활용한 재판예측을 이해하기 위해서는 먼저 기계학습의 활용 단계를 이해할 필요가 있다. 미국 컨설팅 회사인 가트너(Gartner)의 보고서는 인공지능과 기계학습의 활용 단계를 설명, 진단, 예측, 처방의 네 단계로 구분한다.[178]

가장 초기 수준은 설명(descriptive) 단계이다. 이 단계에서는 "무슨 일이 일어났는가?"에 대해 대답하는 것이다. 두 번째는 진단(diagnostic) 단계인데 "왜 그 일이 일어났는가"에 대해 응답한다. 세 번째는 예측(predictive) 단계이다. 이 단계에서는 "무엇이 일어날 것인가"에 관해 예측한다. 마지막은 처방(prescriptive)하는 단계이다. "무엇을 할 것인가"에 관해 응답하여 예측을 바탕으로 어떤 행동을 취한다. 인간의 의사결정을 돕게 되면 '결정 지원(decision support)'에 해당하고 인공지능이 최종적으로 결정하면 '결정 자동화(decision automation)'가 된다.

▶ 인공지능과 기계학습의 활용 단계 ─────────────

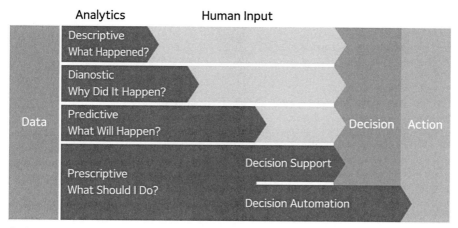

출처: Gartner, June 2017

전통적으로 통계자료를 이용하여 재판 결과 예측했는데 이것은 설명 단계에 가깝다고 할 수 있으며, 이 단계는 '무엇이 발생했는지'를 알기 위해 인공지능을 활용하는 것이다.[179] 통계자료를 활용한 분석은 재판이라는 현상을 파악하는 데 중요한 도구가 된다.[180]

2 미국의 재판예측 연구

(1) 재판예측 연구의 진행 과정

미국에서는 재판예측에 관한 꾸준한 연구가 진행됐다. 1963년 캘리포니아 법원 특허 담당관 리드 롤러(Reed C. Lawlor)는 컴퓨터와 재판예측에 관한 논문을 썼는데, 그는 "몇 년 내에 변호사들은 점점 더 많은 작업을 컴퓨터에 의존할 것이며, 단순히 사무적인 일뿐 아니라 연구와 분석, 그리고 재판 내용을 예측하는 데도 사용할 것이다"라고 주장했다.[181]

▶ 리드 롤러(Reed C. Lawlor)가 주장한 사법에서의 컴퓨터 활용 ────────

출처: Reed, C. Lawlor, 1963

　당시만 해도 기계가 신성한 재판에 개입된다는 사실은 상상할 수 없는 분위기였고 보수적인 미국 판사들이 재판예측에 관한 연구를 지지하지 않았다.[182] 하지만 과학기술의 발전과 더불어 과거 재판에 오류가 상당히 있다는 보고서가 계속 등장하자 학자와 실무를 담당하는 판사들도 재판에 과학기술을 적용하는 연구에 대해 긍정적인 태도를 보이기 시작했다.[183]

　통계자료를 이용해 재판예측을 하는 경우 입력 변수는 '사건별 통계자료'이고, 출력 변수는 '법관별 의견' 혹은 '재판 결과(원고의 승소 확률)'이다.[184] 이 재판예측은 '이러한 유형의 사건'에 관하여는 '해당 법관은 이런 판결을 하는 경향이 있다'라고 예측하게 된다.[185]

　1966년 일리노이 대학교 나겔(Stuart S. Nagel) 교수팀은 미국 정부가 당사자로 참여하는 국제법 사건 137건을 분석하여 이를 바탕으로 재판예측(judicial prediction)을 시도했다.[186] 연구자들은 경험적 확률표(Empirical Probability Table)를 작성했다.[187] 이 표는 먼저 7가지 특성을 선정하여 변수로 삼았고 7개 각각의 특성을 다시 소 범위로 분류했다. 예를 들면 첫 번째 특성인 법원(main source of law)을 분류하면서 그 아래 항목에는 미국 국내법, 국제법이나 관습, 조약, 외국

법으로 분류했다. 그리고 소 범주별로 실제 승소한 비율을 백분율로 나타냈다. 그리고 어떤 사건에 관해 승소율을 예측하려고 하면 경험적 확률표에서 제시된 특성에 속한 소 범위의 해당 값을 합산했다.[188] 이 방법은 재판예측에 관한 초기 단계라고 할 수 있다.[189]

▶ **표 9** 미국 정부 승소 사건의 경험적 확률 표 (일부)

Variables, Weights, and Categories (Arranged in rank order)	Quantity of cases in category	Percent of cases Won by U.S. in Category
1. Main Source of Law (r = .35, K = .24)		
a. U. S. domestic law	53	85%
b. International law and custom	63	56
c. Treaty	17	47
d. Domestic law of other country	4	25
2. Main Subject Matter & U. S. Position (r = .30, k = 27)		
a. National territory and U. S. seeking change	3	100
b. National territory and U. S. seeking status quo	1	100
c. Jurisdiction and U. S. seeking it	26	85
d. Hostilities bet. countries and U. S. repelling interference	6	67
e. Diplomatic or consular intercourse and U. S. seeking redress	3	67
f. Individual in int. law and U. S. seeking curtailment of his rights (e.g., deportation and alien rights)	26	65
g. Responsibility of other country asserted by U. S. generally for damages	17	65
h. Individual in international law and U. S. seeking to expand or maintain his rights (e.g., U. S. representing citizen in suit)	20	60
i. Treaty and U. S. seeking broad definition	10	60
j. Diplomatic and consular intercourse and redress sought from U. S.	2	50
k. Responsibility of U. S. asserted generally for damages	15	47
l. Treaty and U. S. seeking narrow definition	7	43
m. Hostilities between countries and U. S. seeking to interfere or obtain reparations	1	0

출처: Stuart Nagel, 1966[190]

통계 분석을 통한 재판예측은 인공지능의 개념이 대두되기 전부터 이미 존재해왔는데 넓은 의미에서 기계학습의 일종으로 분류할 수 있다.[191] 통계 분석을 위해 막대한 판결문 데이터를 처리하는 과정에서 최근 발전한 자연어 처리 등의 인공지능 기술이 더해져서 판결문에서 통계 정보를 신속하게 추출할 수 있게 됐다.[192]

(2) 연방대법원 판례를 활용한 재판예측

미국에서는 연방대법원 판례를 활용한 재판예측을 진행했는데 이러한 연구가 가능했던 이유는 연방대법원 판결 데이터베이스(Supreme Court Database, 이하 'SCDB')를 통계자료로 활용될 수 있도록 구축했기 때문이다. 미시간주립대학교 해럴드 스페스(Harold J. Spaeth) 교수가 미국 국립과학재단(National Science Foundation)의 후원을 받아 데이터를 수집하고 코딩하여 데이터베이스를 만들었으며 1980년 후반부터 이 자료를 공개해 오고 있다.[193]

이 데이터베이스는 1791년부터 1945년까지 과거(Legacy) 자료와 1946년부터 2021년까지 현대(Morden) 자료로 분류하고 있다. 여기에는 과거 데이터베이스로 연방대법원 판결 19,861건과 연방대법관 의견 172,213건이 있고, 현대 데이터베이스로 현재까지 연방대법원 판결 13,780건과 연방대법관 의견 123,447건을 포함하고 있다.

또한 데이터베이스에는 현재 사건마다 247개의 정보가 포함되어 있다. 이 정보는 6개의 범주로 분류되는데 ① 식별 변수(identification variables, 예: 사건번호) ② 배경 변수(background variables, 예: 관할권, 인용 이유) ③ 시간적 변수(chronological variables, 예: 판결일) ④ 실질적인 변수(substantive variables, 예: 법 조항, 쟁점) ⑤ 결과 변수(outcome variables, 예: 사건 처리, 승소자) ⑥ 투표와 의견 변수(voting and opinion variables, 예: 개별 법관의 의견, 상호 합의)를 그 내용으로 한다.

▶ 표 10 미국 연방대법원 판결문 데이터베이스 (일부)

caseId	docketId	caseissues Id	voteId	Date Decision	decision Type	usCite	sctCite	ledCite	lexisCite	term	Natural Court	chief	docket	caseName	Date Argument
1791-001-001	1791-001-01	1791-001-01-01	1791-001-01-01	8/3/1791	6	2 U.S. 401		1 L. Ed. 433	1791 U.S LEXIS 189	1791	102	Jay		WEST, PLS. IN ERR. VERSUS BARNES. et al	8/2/1791
1791-002-002	1791-002-01	1791-002-01-01	1791-002-01-01	8/3/1791	2	2 U.S. 401		1 L. Ed. 433	1791 U.S LEXIS 190	1791	102	Jay		VANSTOPHORST et al. VERSUS THE STATE OF MARYLAND	
1792-001-001	1792-001-01	1792-001-01-01	1792-001-01-01	2/14/1792	2	2 U.S. 401		1 L. Ed. 433	1792 U.S LEXIS 587	1792	102	Jay		OSWALD, ADMINISTRATOR, VERSUS THE STATE OF NEW-YORK	
1792-002-002	1792-002-01	1792-002-01-01	1792-002-01-01	8/7/1792	2	2 U.S. 402		1 L. Ed. 433	1792 U.S LEXIS 589	1792	103	Jay		OSWALD, ADMINISTRATOR, VERSUS THE STATE OF NEW-YORK.	
1792-003-003	1792-003-01	1792-003-01-01	1792-003-01-01	8/11/1792	8	2 U.S. 402		1 L. Ed. 433	1792 U.S LEXIS 590	1792	103	Jay		THE STATE OF GEORGIA VERSUS BRAILSFORD, et al.	8/9/1792
1792-004-004	1792-004-01	1792-004-01-01	1792-004-01-01	8/11/1792	6	2 U.S. 409		1 L. Ed. 436	1792 U.S LEXIS 591	1792	103	Jay		HAYBURN'S CASE	8/8/1792
1793-001-001	1793-001-01	1793-001-01-01	1793-001-01-01	2/19/1793	8	2 U.S. 419		1 L. Ed. 440	1793 U.S LEXIS 249	1793	103	Jay		CHISHOLM, EXR. VERSUS GEORGIA	2/5/1793
1793-002-002	1793-002-01	1793-002-01-01	1793-002-01-01	2/20/1793	2	2 U.S. 415		1 L. Ed. 438	1793 U.S LEXIS 247	1793	103	Jay		OSWALD, ADMINISTRATOR, VERSUS THE STATE OF NEW-YORK	
1793-003-003	1793-003-01	1793-003-01-01	1793-003-01-01	2/20/1793	8	2 U.S. 415		1 L. Ed. 438	1793 U.S LEXIS 248	1793	103	Jay		THE STATE OF GEORGIA VERSUS BRAILSFORD, et al.	2/6/1793
1794-001-001	1794-001-01	1794-001-01-01	1794-001-01-01	2/7/1794		3 U.S. 1		1 L. Ed. 483	1794 U.S LEXIS 102	1794	104	Jay		THE STATE OF GEORGIA, VERSUS BRAILSFORD, et al.	2/4/1794
1794-002-002	1794-002-01	1794-002-01-01	1794-002-01-01	2/18/1794	1	3 U.S. 6		1 L. Ed. 485	1794 U.S LEXIS 103	1794	104	Jay		GLASS, et al. APPELLANTS, VERSUS THE SLOOP BETSEY. et al.	2/8/1794
1795-001-001	1795-001-01	1795-001-01-01	1795-001-01-01	2/20/1795	8	3 U.S. 17		1 L. Ed. 490	1795 U.S LEXIS 326	1795	104	Jay		THE UNITED STATES VERSUS HAMILTON	
1795-002-002	1795-002-01	1795-002-01-01	1795-002-01-01	2/24/1795	8	3 U.S. 54		1 L. Ed. 507	1795 U.S LEXIS 329	1795	104	Jay		PENHALLOW, et al. VERSUS DOANE'S ADMINISTRATORS	2/6/1795
1795-003-003	1795-003-01	1795-003-01-01	1795-003-01-01	3/2/1795	8	3 U.S. 19		1 L. Ed. 491	1795 U.S LEXIS 327	1795	104	Jay		BINGHAM, PLAINTIFF IN ERR. VERSUS CABBOT et al.	2/21/1795
1795-004-004	1795-004-01	1795-004-01-01	1795-004-01-01	3/3/1795	6	3 U.S. 42		1 L. Ed. 502	1795 U.S LEXIS 328	1795	104	Jay		UNITED STATES VERSUS JUDGE LAWRENCE	2/18/1795
1795-005-005	1795-005-01	1795-005-01-01	1795-005-01-01	8/24/1795	6	3 U.S. 121		1 L. Ed. 535	1795 U.S LEXIS 330	1795	201	Rutledge		THE UNITED STATES v. RICHARD PETERS, DISTRICT JUDGE	8/22/1795
1795-006-006	1795-006-01	1795-006-01-01	1795-006-01-01	8/22/1795	8	3 U.S. 133		1 L. Ed. 540	1795 U.S LEXIS 331	1795	201	Rutledge		TALBOT, APPELLANT, VERSUS JANSON, APPELLEE. et al.	8/6/1795
1796-001-001	1796-001-01	1796-001-01-01	1796-001-01-01	2/26/1796	8	3 U.S. 184		1 L. Ed. 582	1796 U.S LEXIS 398	1796	202	Rutledge		HILLS et al. PLAINTIFFS IN ERROR; VERSUS ROSS	2/25/1796
1796-002-002	1796-002-01	1796-002-01-01	1796-002-01-01	2/17/1796	6	3 U.S. 188		1 L. Ed. 563	1796 U.S LEXIS 399	1796	202	Rutledge		M'DONOUGH, VERSUS DANNERY, AND THE SHIP MARY FORD	2/4/1796

미국 연방대법원 판례를 활용하여 통계적으로 예측한 연구는 2004년 세인트루이스 워싱턴대학교 루거(Theodore W. Ruger) 교수팀이 참여한 프로젝트를 들 수 있다.[194] 연구자들은 대법관의 의견을 예측하기 위해 의사결정 나무(Estimated Classification Tree)라는 기계학습 방법을 사용했다. 원심판결의 이념적 방향(보수적, 진보적)이 무엇인지, 원심법원이 어디인지, 피고가 누구인지 등 6가지 변수를 코드화하여 2002년 동안 대법원에 계류 중인 사건을 예측했다.

예를 들어 온건파(moderate)인 오코너(O'Connor) 대법관의 경우 하급심 판결을 판단하여 진보적이면 파기하는 것으로 예측한다. 보수적이면 다음 단계로 넘어가는데 원심법원이 연방 순회법원(Federal Circuit) 등이면 원심을 유지하는 것으로 예측한다. 그다음은 피고가 미국 정부인지 판단하는데 미국 정부가 아니면 원심을 파기하는 것으로 예측한다. 반대로 피고가 미국 정부인 경우 시민권(civil rights), 「수정헌법」 1조(First Amendment), 경제활동(economic activity), 연방주의(federalism)에 대한 것인지 판단하여 이에 해당하면 원심을 파기하고 해당하지 않으면 원심을 유지한다. 이렇게 개별 법관마다 의사결정 나무를 만들어 소송 사건에 대한 결과를 예측했다.

이 연구에서 인간 법률 전문가의 예측과 기계 예측을 비교했는데, 전문가의 예측 정확도는 59.1%, 기계 예측은 75%로 기계 예측이 더 높은 정확도를 나타 냈다.[195] 통계자료를 이용한 분석은 많은 변수가 고려될수록 재판의 결과를 더 정 확하게 예측할 수 있을 것이다.[196]

▶ 표 11 예측 의사결정 나무 ─────────────────

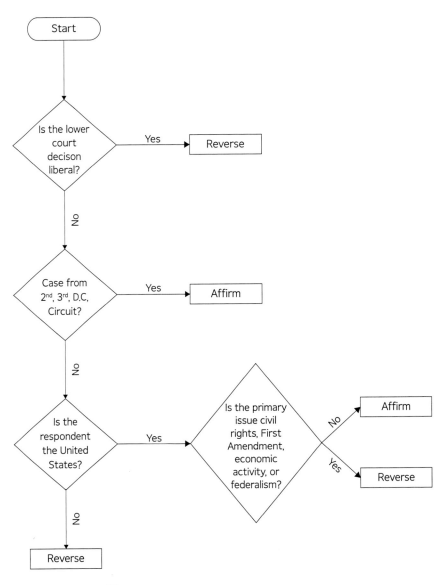

출처: Ruger, T.W., 2004[197]

그 이후로 2014년 미시간주립대학교 카츠(Daniel Martin Katz) 교수팀은 1953년부터 2013년까지의 SCDB를 활용하여 재판예측을 했다.[198] 재판 결과에 영향을 주는 요소를 추출했는데 ① 재판관과 법원 배경 정보 ② 사건 정보 ③ 전반적인 연방대법원의 역사적 동향 ④ 하급심 법원의 동향 ⑤ 최근 연방대법원의 동향 ⑥ 대법관의 개별 성향 ⑦ 경향 차이점으로 분류했다. 그리고 각각의 대분류 아래에 소분류로 항목화하여 재판예측 연구를 진행했다.[199]

그리하여 2017년에 최종 발표한 재판예측 결과는 개별 사건에 대해서는 70.2%의 정확도를 보였고, 개별 대법관과 관련된 예측은 71.9%의 정확성을 보여 주었다.[200] 이 연구에서는 '랜덤 포레스트 분류(random forest classifier)'라고 불리는 인공지능 알고리듬을 사용해 좀 더 정확한 예측을 하고자 했다.[201] 다수의 의사결정 '나무'를 이용해 전체 '숲'을 생성하여 더욱더 정교한 예측을 할 수 있었다고 한다.[202] 개별 통계 학습자(단일 나무)는 현상에 대표적인 예측을 제공할 수 없지만, 수많은 학습자의 그룹(crowd-sourced average)을 활용해 더 나은 예측을 한 것이다.[203]

▶ **표 12** 재판예측 모델에서 사용한 변수 (일부)

Justice and Court Background Information	Respondent Binned [FE]
Justice [S]	Cert Reason [S]
Justice Gender [FE]	
Is Chief [FE]	**Overall Historic Supreme Court Trends**
Party President [FE]	Mean Court Direction [FE]
Natural Court [S]	Mean Court Direction 10 [FE]
Segal Cover Score [SC]	Mean Court Direction Issue [FE]
Year of Birth [FE]	Mean Court Direction Issue 10 [FE]
	Mean Court Direction Petitioner [FE]
Case Information	Mean Court Direction Petitioner 10 [FE]
Admin Action [S]	Mean Court Direction Respondent [FE]
Case Origin [S]	Mean Court Direction Respondent 10 [FE]
Case Origin Circuit [S]	Mean Court Direction Circuit Origin [FE]
Case Source [S]	Mean Court Direction Circuit Origin 10 [FE]
Case Source Circuit [S]	Mean Court Direction Circuit Source [FE]
Law Type [S]	Mean Court Direction Circuit Source 10 [FE]
Lower Court Disposition Direction [S]	
Lower Court Disposition [S]	**Lower Court Trends**
Lower Court Disagreement [S]	Mean Lower Court Direction Circuit Source [FE]
Issue [S]	Mean Lower Court Direction Circuit Source 10 [FE]
Issue Area [S]	Mean Lower Court Direction Issue [FE]
Jurisdiction Manner [S]	Mean Lower Court Direction Issue 10 [FE]
Month Argument [FE]	Mean Lower Court Direction Petitioner [FE]
Month Decision [FE]	Mean Lower Court Direction Petitioner 10 [FE]
Petitioner [S]	Mean Lower Court Direction Respondent [FE]
Petitioner Binned [FE]	Mean Lower Court Direction Respondent 10 [FE]
Respondent [S]	

출처: Katz, D.M., 2014

3 유럽의 재판예측 연구

한편, 유럽에서는 유럽인권재판소 판례를 활용하여 재판예측을 시도했다. 2016년 영국 UCL(University College London) 대학의 알레트라스(Nikolaos Aletras) 교수팀은 유럽인권재판소 판례를 활용하여 최초로 재판예측에 관한 체계적인 연구를 진행했다.[204] 인권조약 3조, 6조, 8조와 관련된 판례 582건을 추출하여 기계학습을 수행하기 위한 데이터 집합을 만들었고 엔-그램(N-gram), 서포트 벡터 머신(Support Vector Machine, SVM)[205] 등의 다양한 알고리듬을 활용했다.

먼저 텍스트를 추출하여 속성을 항목화했는데 텍스트를 추출한 속성은 판례 전문(full), 절차(procedure), 제반 사정(circumstance), 관련 법령(relevant law, 조약의 법 조항 외에 전체적인 법), 사실관계(facts), 법(law, 당사자의 주장 또는 판결의 근거가 된 법) 등으로 분류했다. 그 후에 이 항목이 재판 결과를 예측하는데 얼마나 영향을 미치는지를 수치화하여 분류했다. 그 결과 인권조약의 위반 혹은 비위반이라는 이진법 분류를 통하여 평균 79%의 재판예측 결과를 산출했다.

▶ **표 13** 각 법조문에 따른 속성의 정확도

Feature Type		Article3	Article6	Article8	Average
N-grams	Full	.70(.10)	.82(.11)	.72(.05)	.75
	Procedure	.67(.09)	.81(.13)	.71(.06)	.73
	Circumstances	.68(.07)	.82(.14)	.77(.08)	.76
	Relevant law	.68(.13)	.78(.08)	.72(.11)	.73
	Facts	.70(.09)	.80(.14)	.68(.10)	.73
	Law	.56(.09)	.68(.15)	.62(.05)	.62
Topics		**.78(.09)**	.81(.12)	.76(.09)	.78
Topics and circumstances		.75(.10)	**.84(0.11)**	**.78(0.06)**	**.79**

출처: Aletras, N., 2016

예를 들면 'Positive State Obligations'라는 단어(군)가 등장하면 유럽 인권협약 위반으로 인정될 가능성이 증가하여 원고가 승소할 확률이 높아진다 (+13.50). 반면에 'sentencing'과 관련된 단어(군)가 등장하면 유럽 인권협약 위반이 인정될 가능성이 작아지고 승소 확률이 낮아진다(-17.40). 판결문에 특정 단어가 등장하는 빈도에 따라 패턴을 만들고 통계적으로 추출한 것이 이 연구의 동작 방식이다.

▶ 표14 주제별 예측 가능성 큰 단어 (일부)

Topic	Label	Words	w
		Top-5 Violation	
4	Positive State Obligations	injury, protection, ordered, damage, civil, caused, quashed, claimed, suffered, suspended, compensation, pecuniary, ukraine	13.50
10	Detention conditions	prison, detainee, visit, well, regard, cpt, access, food, situation, problem, remained, living, support, visited	11.70
		Top-5 No Violation	
13	Sentencing	sentence, year, life, circumstance, imprisonment, release, set, president, administration, sentenced, term, constitutional, federal, appealed, twenty, convicted	-17.40

출처: Aletras, N., 2016

이 연구는 법적으로 분석하거나 그 결과를 도출하는 이유를 설명하지 않고 있다는 점에서 그 한계를 찾을 수 있다.[206] 또한 사실관계 부분 등이 정리된 기존 판결문을 바탕으로 예측을 한 것이고, 사실관계가 정리되지 않은 단계에서는 이 기술을 적용하기가 어려울 것으로 보고 있다.[207] 따라서 실무상 활용이 가능한지에 대해서 불명확할 수 있다.[208] 하지만 앞에서 언급한 바와 같이 판례의 속성을 항목화하여 정리하고 평균 79%의 재판예측 결과를 산출했다는 점에서 의미 있는 시도였다고 평가할 수 있다.

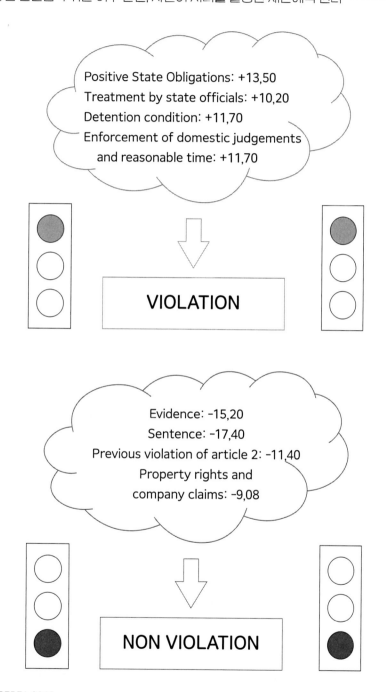

Positive State Obligations: +13,50
Treatment by state officials: +10,20
Detention condition: +11,70
Enforcement of domestic judgements
and reasonable time: +11,70

VIOLATION

Evidence: -15,20
Sentence: -17,40
Previous violation of article 2: -11,40
Property rights and
company claims: -9,08

NON VIOLATION

출처: CEPEJ, 2018

알레트라스 교수팀 이외 네덜란드 흐로닝언(University of Groningen) 대학의
메드베데바(Masha Medvedeva) 교수팀도 서포트 벡터 머신(SVM)으로 유럽인권재
판소 판결문을 활용해 재판예측을 시도했으며, 70%의 정확도를 보인다고 발표
했다.[209] 미국과 유럽의 재판예측에 관한 연구를 정리하면 다음과 같다.

▶ 표 15 판례를 활용한 재판예측 연구

연구자	대상 법원	판례 결과	분석 방법 (알고리듬)	평균 예측도
Ruger, T.W. (2004)	미연방법원	상고기각, 원심파기	서포트 벡터 머신 (SVM)	75%
Aletras, N. (2016)	유럽인권재판소	위반, 비위반	서포트 벡터 머신 (SVM)	79%
Katz, D. M. (2017)	미연방법원	상고기각, 원심파기	랜덤 포레스트 (Random Forest)	70%
Medvedeva, M. (2018)	유럽인권재판소	위반, 비위반	서포트 벡터 머신 (SVM)	75%

출처: Conor O'Sullivan, 2019[210]

II. 챗봇을 활용한 법률 서비스

1 챗봇의 의의와 기능

2016년 미국에서 열린 개발자 회의에서 마이크로소프트의 최고경영자인 사
티아 나델라(Satya Nadella)는 "봇(bot)은 새로운 앱(app)"이라면서 '봇의 시대'의 도
래를 알리면서 미래전략으로 챗봇의 중요성을 밝혔다.[211] 초기 인터넷은 웹(web)
으로 이용되었고 스마트폰 등장 후 웹은 앱으로 대체됐다.[212] 하지만 미국 컨설팅
회사 액티베이트(Activate)에 따르면 앱의 4분의 1이 한 차례 실행된 후 방치되거
나 삭제되고 있다고 한다.[213] 앱은 폐쇄성을 가지고 있는데 웹의 개방성과 앱의
편리함을 결합한 것이 바로 봇이다.[214] 봇은 별도의 앱을 내려받지 않아도 기존의

웹 브라우저나 메신저 앱에 탑재할 수 있다는 장점이 있다.[215]

챗지피티가 폭발적인 관심을 받는 상황에서 국내 기업들도 인공지능 챗봇 개발에 뛰어들고 있다. 2023년 2월 국내 한 인공지능 신생기업은 '강다온'이라는 인공지능 챗봇을 출시했다.[216] 미술을 전공하는 따뜻하고 다정한 25세 남자 대학생 콘셉트이다. 재치 있고 명랑한 20대 초반의 여대생 콘셉트의 '이루다'를 출시한 후 새롭게 선보인 챗봇 애플리케이션이다.[217]

챗봇(chatbot)이란 '수다를 떤다'라는 채터(chatter)와 로봇(robot)을 합성한 단어로 대화하는 로봇을 말한다. 즉, 인공지능을 기반으로 텍스트와 음성을 통해 인간과 상호작용하는 대화형 시스템을 일컫는다.[218] 챗봇은 정보교환방식에 따라 일회성 질의 응답형과 연속 대화형으로, 동작 방식에 따라 규칙 기반형과 기계학습 기반형으로, 답변 생성방식에 따라 검색모델형과 생성모델형으로 분류할 수 있다.[219]

그동안 정보를 찾기 위해서는 핵심어를 사용하여 검색하고, 핵심어가 포함된 정보의 목록이 만들어지면 사용자가 필요한 정보를 다시 찾아야 했다. 하지만 대화형 챗봇은 맞춤형으로 정보를 제공하기 때문에 검색 엔진보다 정보를 효과적으로 찾을 수 있다. 소송 절차에서 소송 당사자가 필요한 것은 사건과 가장 밀접한 정보를 받는 것이다. 챗봇 애플리케이션은 사법 서비스를 제공하는 데 효과적으로 사용될 것으로 보인다.

2 챗봇 기술 일반

(1) 자연어 처리 기술과 챗봇

자연어 처리 기술의 발전으로 챗봇이 재조명되고 있다.[220] 인공지능 기술의 발전으로 자연어 처리기법은 자연어 이해기법에서 나아가 자연어 생성기법으로 발전하고 있다.[221] 자연어 처리는 사용자가 입력한 자연어를 분해하는 역할을 수행하는데, 주로 이루어지는 작업이 형태소 분석이다.[222] 형태소 분석으로 원시 말뭉치를 형태소 단위로 분리하고 어근·접두사·품사 등 다양한 언어의 구조를 파악한다.[223]

먼저 자연어 이해(Natural Language Understanding)라는 것은 자연어 처리 방

법을 통해 분해된 개체들에 관해 적절한 구문과 의미체계를 결정하는 과정이다.[224] 과거에는 주로 통계적 모델링을 사용했으나 최근 딥러닝의 모델을 활용하고 있다.[225]

자연어 생성(Natural Language Generation)이란 인간과 컴퓨터 사이의 의사 전달을 위해 문법과 사전을 이용하여 컴퓨터 내부의 지식 표현에서 자연언어 문장을 생성하는 과정이다.[226] 내용을 결정하고 문장의 순서를 정하여 실제 문장을 생성하는 것으로 딥러닝 알고리듬을 이용하여 챗봇에 답변 생성 기술을 적용하려는 시도가 이루어지고 있다.[227] 대화를 위한 시나리오를 작성하는 것에는 한계가 있으므로 기계학습이나 딥러닝 시스템을 활용하여 스스로 학습하도록 하고 있다.[228]

대화가 가능한 챗봇을 생성한 후 그 성능과 정확도를 측정할 때 보통 튜링 검사 방법을 사용한다.[229] 전형적인 튜링 테스트(Turing Test)는 사람들이 상대 참여자와 채팅하면서 상대방이 사람인지 컴퓨터인지 파악한다.[230] 검사 결과 대화 상대자가 사람으로 인식된 경우가 많은 챗봇일수록 튜링 검사에서 점수가 높다.[231]

(2) 법률 관련 챗봇의 원리

법률관계는 발생 · 변경 · 소멸의 모습으로 나타나는데 '법률요건'은 이러한 법률관계가 변동되는 원인을 말하며 그 결과가 되는 것을 '법률효과'라고 한다.[232] 법리는 대부분 'If-Then' 형식을 취하고 있는데 법률요건은 'If' 부분이고, 법률효과가 'Then' 부분이다.[233] 간단한 문제는 하나의 'If-Then'으로 응답할 수 있고, 복잡한 논리 구성이 필요한 문제는 이 형식을 여러 번 거치면서 그 답을 찾을 수 있다.[234]

이 점에 착안하여 법률상담 챗봇 시스템을 설계하면 법리 데이터베이스(DB), 법률요건 구성부, 관련사실 추출부, 법률효과 계산부로 구성할 수 있다.[235] 먼저 법리 데이터베이스는 법률요건과 법률효과로 구성되어 있다.[236] 법률요건 구성부는 데이터베이스를 바탕으로 입력된 질문사항을 분석하며 논리 구성을 위해 법률요건을 조직화하는 부분이다.[237] 예를 들면 질문 속에는 보통 법률효과를 결정할 수 있는 주제어가 포함되어 있는데, 질문에 어떤 주제어가 있으면 법률효과를 종국적으로 어떻게 결정해야 하는지 파악하는 방식이다.[238] 다음 관련사실 추출부에서는 데이터베이스와 구성된 법률요건을 바탕으로 입력된 사실관계와 관련된 중요 사실을 추려낸다.[239] 마지막으로 법률효과 계산부에서는 추려낸 사실에 순차적으로 법리를 적용하면서 원하는 법률효과가 발생하는지에 대해 계산한다.[240]

▶ 법률상담 챗봇의 개념도 ────────────

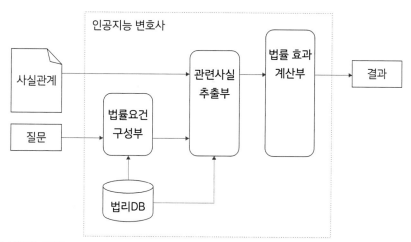

출처: 박봉철, 2020

3 챗봇의 활용과 한계

(1) 챗봇의 활용

현재 챗봇은 핀테크, 의료, 판매, 교육, 공공서비스, 법 분야 등에서 비중 있게 사용되고 있다.[241] 더구나 코로나 19 대유행과 비대면 상황이 발생하면서 챗봇을 주목하게 됐는데, 급증하는 고객 문의에 대응할 수 있는 유용한 기술로 활용되고 있다.[242] 전 세계적으로 챗봇 시장은 2024년도에 94억 달러 규모로 형성될 것으로 예측된다.[243]

챗봇은 모바일 컨시어지(mobile concierge) 서비스를 제공한다. 컨시어지는 '관리인, 안내인'이라는 뜻으로 '고객의 요구에 맞춰 일괄적으로 처리하는 서비스'라는 의미로 사용하고 있다.[244] 중세 시대 성의 영주를 받드는 집사를 뜻하는 프랑스어에서 유래했는데, 이러한 집사처럼 쇼핑, 식당, 관광 등 고객이 원하는 것을 밀착 제공하는 서비스를 말한다.

특급 호텔이나 백화점에서 우수 고객을 상대로 이루어진 컨시어지 서비스를 이제는 인공지능을 기반으로 한 챗봇이 제공할 수 있게 됐다. 예를 들면 단순히 고객에게 광고 이메일이나 메시지를 보내는 것이 아니라 고객의 구매 이력을 바탕으로 연관된 상품들을 추천하는 것이다. 또한 식품을 구매할 때 요리에 필요한 재료를 따로 검색해서 장바구니에 담는 것이 아니라, 된장찌개를 식단으로 정해 메신저로 요청하면 두부, 된장, 대파, 감자 등 요리에 알맞은 재료가 장바구니에 자동으로 담기는 서비스를 말한다. 이러한 서비스 일부는 이미 일상의 삶에서 익숙해지고 있다. 법률 분야에서도 소송을 위해 정보를 하나하나 검색하는 것이 아니라, 각 당사자 필요에 맞게 제공하는 맞춤형 서비스가 필요할 것이다.

챗봇 변호사로 활약하고 있는 대표적인 예가 두낫페이(DoNotPay)라는 법률 서비스이다. 주차위반에 대한 과태료에 이의가 있어 변호사를 선임해 소송을 제기한다면 변호사 수임료를 생각할 때 배보다 배꼽이 큰 사건이 된다. 두낫페이는 2016년 미국과 영국에서 16만 건에 이르는 주차위반 과태료에 대한 취소를 끌어냈다.[245] 이후에는 난민신청서처럼 복잡한 법률 문서를 작성해 주면서 난민을 돕고 있다고 한다.[246] 또한 호주의 한 법률사무소의 '에일리라(Ailira)'라는 챗봇은 법률문제를 상담하고 정보를 제공하고 있는데 문서와 정보를 검토하여 무료로 제공하고 있다.[247]

한국의 경우 법무부가 카카오톡에서 '버비'라는 챗봇 서비스를 제공하고 있는데 그 목적은 법률상담이 아닌 법 교육이다. 현재 주택·상가임대차, 임금, 해고, 상속 분야에서 서비스를 제공하고 있다.[248]

법률 시장에서 챗봇의 기능[249]을 살펴보면 먼저 사법 서비스에 대한 접근을 들 수 있다. 챗봇은 경제적 문제 등으로 변호사를 선임하기 어려운 경우 법률문제의 조언을 얻기 위해 활용될 수 있다. 또한 전문적인 법률 정보에 대한 검색이 가능할 것으로 보이는데, 단순히 키워드를 넣어서 검색하는 것보다 더욱 사건과 밀접한 정보를 얻을 수 있을 것이다. 아울러 고객 응대 기능은 법률회사가 고객의 문의를 간편하게 처리하기 위해 활용할 수 있을 것이다. 법률 서비스 업체인

클럭스룸(Clerksroom)이 개발한 인공지능 챗봇 서비스인 빌리봇(Billy Bot)은 점심 시간을 비롯하여 24시간 동안 연중무휴로 업무를 처리하고 있다고 한다.

(2) 챗봇 활용의 한계

챗봇이 차세대 혁신 기술로 등장했지만, 처음에는 실제로 큰 변화를 이끌지는 못했다.[250] 그 까닭은 당시 챗봇에 인간 전문가의 지속적인 개입이 필요했기 때문이었다.[251] 페이스북은 개인 비서 시스템 'M'을 출시한 후 인간의 개입이 70%에 달한다는 사실이 밝혀져 그 시스템을 폐쇄하기도 했다.[252] 초기 프로그램은 다양한 시나리오를 만들어서 챗봇이 응대할 수 있는 환경을 만들었는데 이런 과정을 거친다는 것은 한계가 있었다.[253]

챗봇 활용에 대한 또 다른 난제를 살펴보면 현재 데이터가 현저히 부족하다는 점이다. 챗봇 학습에 필요한 디지털화된 판례가 부족하다면 자연어 처리 기술을 활용하여 판례 검색의 품질을 높이는 데 한계가 있다. 이에 대해서는 판례 공개와 판결문의 디지털화에 대한 논의가 있으며 제5장에서 자세히 살펴본다.

또한 법률 용어가 일상생활에서 쓰는 용어와 달라서 관련 지식을 갖춘 전문가 외에는 해석하기 힘들다는 점을 들 수 있다.[254] 이를 해결하기 위해 한 법률 검색 시스템 개발사에서는 그동안 개발해 왔던 법률 전문가를 위한 검색 서비스뿐 아니라 비전문가를 위한 법률 서비스도 준비하고 있다.[255] 인공지능의 자연어 처리 기술을 활용하여 일상 언어로 질문해도 이에 맞는 법률 정보를 제공하려는 것이다.[256] 챗봇에 관한 기술적인 연구는 계속 진행되고 있으며 앞으로 정보 전달 서비스에서 감성 비서 서비스까지 발전할 것으로 예상한다.[257]

지금까지 인공지능 기술 일반과 사법 분야에서의 인공지능 연구에 대해 살펴보았다. 사법 분야에서의 연구는 재판예측과 챗봇 연구를 들 수 있다. 재판예측에 관해서는 인공지능의 개념이 보편화되기 전부터 시도됐다. 미국의 경우 연방대법원 판결 데이터베이스가 구축된 이후 재판예측에 관한 연구가 활발하게 이루어지고 있으며 유럽도 유럽인권재판소 판례를 활용한 재판예측의 연구가 진행되고 있다. 미국의 연구는 주로 판사 개인의 성향을 분석하는 방법을 사용했고 유럽의 경우는 사건 자료 자체를 분석했다. 이 연구들은 판례에서 재판에 영향을 주는 요소들을 추출하여 속성들을 항목화했고 계량화했다. 다양한 인공지능 알고리듬을 활용하여 정확한 예측을 하고자 노력했다.

　미국에서 막대한 연방대법원 판례를 코딩하여 데이터베이스로 만들고 이를 공개한 점이 주목할 만하다. 이 데이터는 연구자의 연구에 이바지할 뿐 아니라 법 기술 정보 산업 종사자에게도 실질적으로 활용할 기회를 마련했다. 한국에서도 판례를 정리하여 데이터베이스를 구축하고 누구나 활용할 수 있도록 공개를 확대하는 것이 필요하다. 이러한 환경을 조성하면 국내에서도 재판예측에 관한 연구가 활발해질 것이다.

　또한 재판예측뿐 아니라 최근 자연어 처리 기술의 발달로 사법 분야에서 챗봇을 이용하는 연구가 진행되고 있는데, 챗봇은 보다 정밀한 맞춤형 정보에 접근이 가능할 수 있다는 점, 소송 비용을 줄일 수 있다는 점 등에서 사법 접근성 향상에 이바지할 것으로 기대되고 있다. 다음은 인공지능을 활용할 때 발생하는 문제점을 짚어보며 이에 대응하기 위한 각국의 정책과 민사소송에서의 활용 현황을 살펴본다.

인공지능 모델이 문제를 발생시킬 때, 이를 강제 종료할 수 있는 'AI 킬 스위치(AI Kill Switch)'가 필요하다.

– 스튜어트 러셀, AI 서울 2024

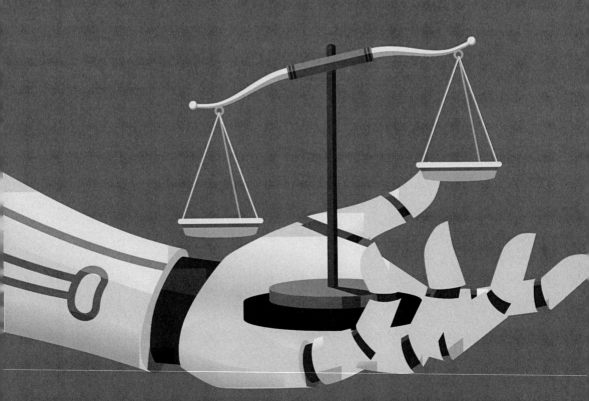

제3장

인공지능에 대한 각국 정책과 민사소송에서의 활용

> 인공지능을 도입할 때 발생하는 문제는 무엇일까?
> 이에 대해서 각국에서는 어떤 정책을 세우고 있을까?

인공지능을 활용한 시스템이 이미 생활 깊숙이 파고들어 오는 가운데 우리는 그 영향력에 대하여 숙고할 겨를이 없이 받아들일지도 모른다. 새로운 기술에 대하여 문을 여는 반면 인공지능을 활용할 때 제기되는 문제에 대해서 논의할 필요가 있다. 인공지능에 대한 정책은 인공지능을 사법 분야에 도입할 때 발생하는 문제점을 해결하는 데 조력할 수 있다. 즉, 이 정책은 새로운 기술이 적정·공평·신속·경제라는 민사소송의 이상을 제대로 실현할 수 있도록 이끌 것이다. 인공지능에 대한 어떠한 논쟁이 진행되고 있으며 각국에서는 인공지능을 이용할 때 발생하는 문제에 대한 대책을 어떻게 마련하고 있는지에 대해 살펴보도록 한다.

I. 인공지능 활용을 둘러싼 논쟁

1 알고리듬의 편향성과 불투명성

(1) 알고리듬의 편향성

알고리듬은 인위적으로 조작할 수 있으므로 인공지능 기술에 대한 편향성이 논란에 있다.[258] 우리가 일상생활에서 쉽게 하는 인터넷 검색이 컴퓨터 코드가 여러 방식으로 이용할 수 있는 언어의 일종이라는 점을 고려한다면 이 기능 역시 누군가에 의해 조정되고 통제되기 쉬운 도구라는 사실을 알 수 있을 것이다.[259]

알고리듬을 인위적으로 변경한 경우와 그 조치를 살펴보면 공정거래위원회는 2020년 10월 6일 네이버가 쇼핑·동영상 분야 검색 서비스를 운영하면서 검색 알고리듬을 인위적으로 조정·변경한 것에 대하여 시정명령과 과징금 약 267억을 부과한 바 있다.[260]

그리고 2019년 애플사에 신용카드 발급을 위한 신용 한도 알고리듬이 성별에 따라 편향되었다는 의혹이 제기됐다.[261] 한 애플카드 이용자가 같은 조건에서 아내가 남편보다 신용 한도가 20배 낮다고 주장한 것이다.[262] 특히 주목받은 점은 애플사가 사용한 금융 데이터에는 고객의 성별이 포함되지 않은 점이다.[263] 애플사도 왜 알고리듬이 이런 편향성을 나타냈는지에 대하여 설명하지 못했다.[264]

구글과 같이 정보를 독점하는 기업에서는 검색 순위를 회사의 이해관계에 따라 조정하는데, 후순위로 밀리는 것은 광고비를 적게 지불하는 소규모 회사의 정보라고 한다.[265] 이것은 검색이라는 행위가 철저히 상업화된 조건 아래에서 실행되고 있음을 보여 주고 있다는 점을 보여준다.[266] 2020년 12월 구글의 인공지능 윤리팀을 이끌고 있던 팀닛 게브루(Timnet Gebru) 박사가 해고당했다.[267] 게브루 박사는 얼굴인식 기술에서 알고리듬 편향에 관한 연구로 잘 알려져 있다. 해고 이유는 구글에서 이루어지고 있는 인공지능 기술 연구가 데이터의 편견을 가지고 있다는 논문을 썼기 때문인데, 회사 측에서는 이 논문은 구글이 정한 논문 출판 원칙을 지키지 않았다고 주장했다. 해고 소식이 알려지자 구글 직원을 포함하여 게브루 박사의 지지자 수천 명이 항의했다.[268] 이 사건은 실제 회사 내에서 벌어지는 차별과 갈등으로 신뢰성 확보 원칙을 지키기가 쉽지 않다는 점을 보여준다.[269]

한편, 인공지능은 다양한 학문이 연계된 전형적인 융합 학문이다.[270] 컴퓨터 과학, 통계, 수학을 비롯하여 철학, 언어학, 심리학 등을 아우르는 여러 학문이 결합하여 있다.[271] 특히 수학은 단연코 인공지능의 중심이 되며 추상적인 아이디어를 증명하고 알고리듬이라는 모습으로 구체적인 구현 방법을 보여 준다.[272]

알고리듬에 의한 예측의 바탕이 되는 개념은 통계학에서 선형회귀인데 $y=fx+b$ 라는 식으로 표현된다.[273] 이 식에서 x는 입력값인 임의의 변수, f는 기울기이면서 임의의 변수, *b*는 상수로 바이어스(bias)라고도 한다.[274] 예측을 위해서는 다양한 값을 *x*에 입력하고 기울기 *f*와 상수 *b*를 적절하게 조정하여 결과의 값을 산출한다.[275] 이 예측값과 실제의 데이터 값이 일치할수록 보다 정확하게 예측한 것으로 평가된다.[276]

이러한 규칙은 기계로 만들어지고 입력 데이터를 수학적 방법에 따라 처리하지만, 그 구현 과정이 편향되거나 불공정할 수 있다.[277] 특히 복잡하고 거대한 규칙이나 데이터에서 학습하여 도출된 규칙의 경우 규칙이 차별적인 효과를 발생시킨다는 사실을 알 수도 없을 것이다.[278]

알고리듬이 과거의 편견이나 암묵적 선입견이 반영된 기존 데이터로 학습한 경우 편향성을 나타내게 되는데, 예컨대 채용 프로그램이 이전 인간이 내린 편견적인 채용 결정에 따라 훈련을 받았다면 채용 결과에서 공정성 문제가 발생할 수 있다.[279]

(2) 알고리듬의 불투명성

법학자들과 사회과학자들은 알고리듬에서 불투명성의 문제를 우려하고 있다.[280] 데이터의 입력에서 왜, 어떻게 특정 결과가 산출되는지를 구체적으로 알지 못한다면 불투명하다고 볼 수 있다.

알고리듬의 불투명성은 기업이 영업 비밀을 유지하거나 경쟁에서 우위를 차지하기 위해 알고리듬을 공개하지 않기 때문에 발생한다. 예컨대 네트워크 보안 응용 프로그램은 효율성을 보장하기 위해 불투명성을 유지한다. 또 다른 불투명성의 원인은 알고리듬 코드에 대한 해독력과 관련이 있다. 알고리듬의 프로그램을 작성하고 해독하는 것은 전문적이기 때문에 일반인들이 쉽게 접근할 수 없다. 코드는 명확하고 이해할 수 있게 작성되어야 하므로 C언어나 파이썬(Python)과 같은 특정 프로그래밍 언어를 사용하며 인간의 언어와 상당히 다르다.

빅데이터에 의한 결론이 단지 자의적이거나 논리가 부족하다고 해서 '기각'될 수는 없는데, 그 추론을 반박하기 위해서는 결론을 도출한 데이터와 방법에 대해 이해하는 것이 필수적이다.[281] 판사가 판결 근거가 되는 예측의 근거에 대해 이해할 필요가 없다는 견해도 있지만, 법의 전통적인 관점에서는 투명성이 중요하다고 본다.[282] 투명성은 사회의 공적인 결정에 대해 평가를 할 수 있기 위해 보

장돼야 한다.[283]

그러나 투명성을 보장하는 것에 대한 우려의 의견도 있는데 이에 따르면 투명성은 예측 모델이 달성해야 할 목표를 훼손시킬 것이라고 주장한다.[284] 예를 들면 조세 징수를 위한 예측 모델 방법이 공개되면 조세를 회피하게 하거나 조세 감소로 이어진다는 것이다.[285] 이에 대해 투명성과 비밀 유지 둘 사이에서 균형점을 찾는 노력을 해야 한다는 주장이 있다.[286]

생각건대, 예측 모델은 효과적으로 작용할 수 있도록 하고 보안 프로그램은 효율적인 작동이 보장될 수 있도록 적절한 합의점을 조율해야 할 것이다.

2 데이터 수집과 개인정보 침해의 위험성

(1) 빅데이터 일반

인공지능의 발전은 빅데이터의 등장에 기반을 두고 있다. 미국 워싱턴대학교 페드로 도밍고스(Pedro Domingos) 교수는 인공지능과 빅데이터의 관계를 설명하면서 "인공지능이 우리가 도착해야 할 행성이라고 한다면 기계학습은 로켓이며 빅데이터는 이 로켓의 연료이다"라고 말했다.[287] 빅데이터(Big Data)란 기존의 데이터베이스 소프트웨어 도구가 수행하는 수집, 저장, 관리, 분석 능력을 넘어서는 크기의 데이터 세트(data set, 데이터의 집합)를 말한다.[288] 빅데이터로 정의되기 위한 데이터 크기는 기술이 발전함에 따라 증가할 것으로 보인다.[289]

기업은 빅데이터를 통해 소비자의 선호도를 파악하고 상품과 알고리듬을 추천한다. 또한 검색 엔진 회사들은 데이터양이 많을수록 양질의 정보를 찾을 수 있다.[290] 예컨대, 구글의 번역은 이미 번역된 막대한 문서의 패턴을 조사해서 언어의 번역에 대한 규칙을 발견하는 것이다.[291] 문법은 많은 예외가 있는 규칙이기 때문에 자료가 많으면 많을수록 번역 품질이 높아지게 된다.[292] 빅데이터는 기업뿐만 아니라 정치와 행정 등의 분야까지 적용할 수 있다. 미국 오바마 대통령은 재선을 준비면서 예측 모델 과학자와 데이터 분석가를 고용하기도 했다.[293]

(2) 데이터 수집과 개인정보 침해 현황

빅데이터를 활용하여 정보를 처리할 때 개인정보를 포함할 수 있으므로 개인정보 침해에 대한 우려가 발생하게 된다. 법률 분야에서 개인정보는 법률자문 내용에서 제공되는 인적정보, 상담 정보, 증거자료 등을 들 수 있다.[294]

지금까지 언급한 인공지능에 대한 편향성과 불투명성, 개인정보 침해 등에 대한 대책을 세우기 위해 각국에서 다양한 방면으로 노력하고 있다. 다음은 그 내용에 대해서 알아본다.

II. 미국의 인공지능 정책

1 인공지능 규제 원칙과 현황

그동안 미국에서는 인공지능 발전의 대부분을 민간과 학계가 주도하고 있었고 이러한 상향식 혁신 문화를 여전히 중요시하고 있다.[295] 하지만 바이든 행정부는 정부와 민간이 협력하는 '하이브리드 접근법'(hybrid approach)이 필요하다고 밝혔다.[296]

(1) 아실로마 원칙

미국 캘리포니아주 아실로마(Asilomar)는 1975년 유전자 재조합의 위험성에 대해 다방면으로 논의하고 법적 규제를 마련한 장소이다. 2017년 1월 이곳에서 생명의 미래연구소(Future of Life Institute)는 인공지능 학술대회를 개최했는데 버클리 대학의 스튜어트 러셀(Stuart Russell) 교수, 스탠퍼드 대학교 앤드루 응(Andrew Ng) 교수, 구글의 에릭 슈밋(Eric Schmidt) 회장 등 인공지능과 관련한 학계 인사와 경영 실무진들이 참석했다.[297] 그 행사에서는 회의 장소 이름을 따서 '아실로마 AI 원칙(Asilomar AI Principles)'이라는 인공지능 연구 원칙을 발표했는데 참석자의 90% 이상이 이에 찬성했다.

이 원칙은 인공지능 연구(5개 항), 윤리와 가치(13개 항), 장기(5개 항)의 3개 분야에서 총 23개의 원칙으로 구성돼 있다. 이 중에서 연구 분야의 원칙을 살펴보면 먼저 인공지능 연구의 목표를 선언하면서 인간에게 유용하고 이로운 혜택을 주는 것이라고 했다. 인공지능을 유익하게 사용할 수 있는 분야에 연구비가 투자되어야 하며 여기에는 컴퓨터 과학·경제·법·윤리·사회 분야 등이 포함된다. 법 분야를 예로 들면, 법률 시스템이 보다 공정하고 효율적으로 발전하기 위해 인공지능과 협력하고 관련된 위험을 관리하는 방법에 대한 연구가 필요하다는 것이다. 나아가 연구자와 정책 입안자 간의 건설적이고 건전한 교류, 연구자와 개발자 간의 협력·신뢰·투명성의 문화 조성, 시스템 개발팀들의 협력이 필요하다는 점을 명시했다.[298]

(2) 인간에게 이로운 기계

아실로마 학술대회에 참석했던 스튜어트 러셀 교수는 인간에게 '이로운 기계'를 만들기 위한 원칙을 제시한 바 있다.[299] 첫째, '전적으로 이타적인 기계' 원칙인데 기계의 유일한 목적은 인간이 선호하는 것을 최대로 실현하는 것을 의미한다. 둘째, '겸손한 기계' 원칙은 초기에는 기계가 인간의 선호를 알지 못하다는 것이다. 셋째, '인간의 선호 예측' 원칙은 인간 선호에 관한 정보를 얻을 수 있는 궁극적인 원천은 인간의 행동이라는 점이다. 기계와 인간의 선호가 서로 연결되었다고 가정하고, 이 연결은 인간이 무엇을 선택하느냐를 관찰함으로 이루어진다고 한다.

(3) 미국 정부의 정책

미국 바이든 행정부는 인공지능 관련 분야에서 미국의 지도력을 강화하기 위해 '국가 인공지능 이니셔티브실'(National Artificial Intelligence Initiative Office)을 신설했다.[300] 백악관 과학기술정책실(White House Office of Science and Technology Policy)에서 설립했는데, 이것은 초당파적인 지지로 제정이 된 「국가 인공지능 이니셔티브법(National Artificial Intelligence Initiative Act of 2020)」에 근거하고 있다. 이니셔티브실은 국가 인공지능 전략에 대해 추진과 감독을 하면서, 정부와 민간 기업·학계·이해 당사자 등을 잇는 허브의 역할을 맡고 있다.

그동안 미국 행정부는 인공지능 관련 지침들을 지나치게 많이 발표하여 과잉 규제로 인한 규제의 중복과 충돌이라는 점을 초래했다는 문제점을 지적받기도 했는데, 이들 지침에서 일부만 법률로 제정됐다는 점에서 과잉 규제가 심각하지 않은 것으로 보기도 한다.[301] 기업에 대해 자율 규제적인 관점에서 접근하여

일정한 구속력을 가지면서 혁신의 저해를 최소화하는 간접규제 수단으로 작용했다고 할 수 있다.[302]

2 「인공지능과 알고리듬 사용에 대한 지침」의 주요 내용

2020년 1월 7일 미국의 과학기술정책실에서 「인공지능 규제 지침서 (Guidance for Regulation of Artificial Intelligence Applications)」를 발표하였고 인공지능을 통한 혁신과 성장의 촉진을 주요 목표로 삼았다.[303]

그 후 미국 연방거래위원회(Federal Trade Commission)에서 2020년 4월 「인공지능과 알고리듬 사용에 대한 지침(Using Artificial Intelligence and Algorithms)」[304]을 발표했다. 이 지침의 내용을 살펴보면 ① 알고리듬 사용의 투명성 ② 알고리듬을 활용한 의사결정에 대한 설명 ③ 의사결정에 대한 공정성 보장 ④ 데이터와 모델의 견고성 및 실증적 타당성 보장 ⑤ 법령 준수, 윤리 및 공정성, 비차별성에 관한 책임감을 그 내용으로 담고 있다. 항목별 주요 내용은 다음과 같다.

(1) 알고리듬 사용의 투명성

먼저, 기업은 인공지능을 탑재한 자동화된 도구를 사용할 때 소비자를 속여서는 안 된다. 챗봇과 같이 소비자와 상호작용하는 인공지능 도구를 사용할 때 소비자를 오도하지 않도록 주의해야 한다. 데이트 웹사이트에서 가짜 프로필을 사용하여 잠재고객을 유도한 애슐리 메디슨(Ashley Madison) 사건이나 가짜 구독자와 팔로워, 가짜 '좋아요' 등을 생성한 데부미(Devumi) 사건과 같이 소비자를 기만하는 행위는 미국 연방거래위원회의 시행 조치를 받을 수 있다.

또한 민감한 데이터를 수집할 때는 투명성을 보장해야 한다. 비밀리에 음성 데이터나 시각적 데이터, 민감한 데이터를 수집할 때 미국 연방거래위원회의 시행 조치를 받을 수 있다. 미국 연방거래위원회는 최근 페이스북이 얼굴인식을 가능하게 만든 점에 대해서 소비자를 오도했다고 지적했는데, 이는 사용자의 동의 없이 얼굴 정보를 수집했기 때문이다.

(2) 알고리듬을 활용한 의사결정에 대한 설명

기업이 알고리듬을 사용하여 소비자에게 불리한 의사결정을 내리는 경우 설명이 필요하다. 신용평가에서 신용이 낮게 나온 이유를 설명하면서 단지 "신용평가 점수가 낮다"라거나 "기준에 미달한다"라고 하는 것이 아니라 "연체가 있다"와 같이 자세한 설명을 해야 한다. 이것은 기업이 신용을 평가할 때 어떤 데이터를 사용했고 결정에 도달하기 위해 데이터가 어떻게 활용되었는지를 소비자에게 설명해야 한다는 것을 의미한다.

(3) 의사결정에 대한 공정성 보장

미국 연방거래위원회는 「신용기회평등법(Equal Credit Opportunity Act)」에 따라 인공지능 사용에 있어서 인종·종교·국적·성별·결혼 유무·나이 등에 따라 차별을 금지하고 있다. 또한 기업은 입력 데이터에 대한 차별적 요소를 통제할 뿐 아니라 이와 별개로 결과에도 차별이 발생하지 않도록 관리해야 한다. 해당 모델을 사용하는 점에 대한 정당성을 검토하고 불리한 대우를 최소화로 만드는 대안을 고려해야 할 것이다.

(4) 데이터·모델의 견고성과 실증적 타당성 보장

신용, 고용, 보험, 주택 등이나 이와 유사한 소비자 정보를 제3자에게 제공하는 기업은 신용평가사에 해당할 수 있다. 신용평가사는 해당 정보의 정확성과 최신성을 갖추며 「공정신용정보법(Fair Credit Reporting Act, FCRA)」을 준수해야 한다. 무엇보다도 기업은 소비자에게 정보의 정확성을 최대한으로 보장해 주며, 개인정보에 접근하고 오류를 정정할 수 있는 합리적인 절차를 마련할 의무가 있다.

(5) 법령 준수, 윤리, 공정성, 비차별성에 대한 책임감

빅데이터 분석이 소비자에게 편견을 유발하거나 피해를 발생시키는 것을 방지하기 위해 운영자는 알고리듬을 사용하기 전에 점검해야 할 사항이 있다. 그 내용은 ① 데이터 세트(data set)가 얼마나 대표성을 띠고 있는가 ② 데이터 모델이 편향성을 처리할 수 있는가 ③ 빅데이터에 기반한 예측이 얼마나 정확한가 ④ 빅데이터에 의존하는 경우 윤리적 또는 공정성의 문제를 유발하는가에 대한 것이다.

주요 원칙	내용
1. 알고리듬 사용의 투명성	① 소비자에 대한 기만 금지
	② 민감한 데이터 수집의 경우 투명성 보장
	③ 소비자에게 불리한 조치에 관한 통지
2. 알고리듬을 이용한 의사결정에 대한 설명	① 결정에 관한 자세한 설명
	② 소비자에게 불리한 영향을 끼친 상위 조건 공개
	③ 거래 조건 변경 시 소비자에게 통지 의무
3. 의사결정에 대한 공정성 보장	① 취약 계층에 대해 차별 금지
	② 결과에 대한 차별 금지
	③ 정보 접근과 수정 기회 제공
4. 데이터·모델의 견고성과 실증적 타당성 보장	① 정보의 정확성과 최신성 보장
	② 정확성과 무결성을 보장하기 위한 정책과 절차 명문화
	③ 주기적으로 인공지능 모델 검토 인공지능의 예측력 유지를 위한 조정
5. 법령 준수, 윤리와 공정성, 비차별성에 대한 책임감	① 점검을 통한 편견과 피해 방지
	② 개발한 인공지능의 악용 방지 대책
	③ 개발한 인공지능에 대한 책임감과 객관적 평가

III. 유럽의 인공지능 정책

1 인공지능에 관한 유럽연합의 접근 방식

유럽연합은 최근 「인공지능법(Artificial Intelligence Act)」에 최종 합의를 한 바 있다. 유럽에서는 인공지능과 관련해 다양한 지침서가 마련된 후 점차 법안으로 발전해 나갔는데 인공지능 피해의 심각성을 인식하고 적극적으로 대처하려는 것이다. 「인공지능법」이 통과되기까지 주요 과정은 다음과 같다.

2018년 4월 25일 유럽 집행위원회는 디지털 유럽을 표방하면서 「유럽을 위한 인공지능(Artificial Intelligence for Europe)」을 발표했다. 2018년 12월 3일 사법 효율을 위한 유럽연합 집행위원회(European Commission for the Efficiency of Justice)는 「사법 시스템과 사법 환경에서의 인공지능 이용에 관한 유럽 윤리 헌장」(European Ethical Charter on the Use of Artificial Intelligence in Judicial Systems and their Environment)을 발표했다. 이 지침서에서는 투명성, 공평성, 공정성의 원칙(principle of transparency, impartiality and fairness), 사용자에 의한 통제 원칙(principle under user control) 등의 내용이 포함되어 있다.

2020년 2월 19일 유럽연합 집행위원회는 「인공지능백서(White Paper On Artificial Intelligence – A European approach to excellence and trust)」[305]를 발표했다. 치열한 글로벌 경쟁에서 인공지능에 대한 기회와 도전에 맞서기 위한 것이었는데, 유럽 가치에 기반을 두고 자체 노선을 정의하며 동일체로 행동하는 등 인공지능 개발을 촉진하기 위한 일환이었다.[306] 유럽연합 집행위원회의 인공지능백서에는 인공지능에 대한 유럽연합의 규제전략과 규제체제를 포함하고 있으며, 인공지능에 관한 전략과 정책이 집약되었다고 볼 수 있다.[307] 집행위원회는 인공지능의 활용을 촉진하는 한편 위험을 관리하는 이원적 목표를 달성하기 위해 투자와 규제를 통해 접근하고자 했다.[308]

그 후 2021년 4월 21일 유럽 집행위원회가 85개 조문의 「인공지능법」을 발표했다.[309] 「인공지능백서」에는 집약된 유럽연합의 인공지능정책이 담겨 있고 이에 나아가 「인공지능법」은 인공지능을 법조문화 한 최초의 규범이라고 볼 수 있다.[310] 그동안 유럽 의회와 유럽 이사회는 유럽연합 내 인공지능시스템 시장에서, 인공지능에 대한 혜택과 위험을 유럽연합 수준에서 적합하게 다루기 위해 입법 조치할 것을 지속해서 요청했다.[311] 이 법은 앞으로 세계 인공지능 규제의 입법 방향에 큰 영향력을 미칠 것으로 보인다.[312] 그 후 생성형 인공지능 챗지피티의 등장으로 2023년 6월 14일 유럽 의회는 규제를 강화한 내용을 추가하여 인공지능 규제법 초안을 통과시켰고[313] 2023년 12월 9일 EU 집행위원회와 이사회, 유럽 의회로 구성된 3자 협의체는 이 법에 대해 최종 합의했다.[314] 「인공지능법」에 대한 주요 내용을 살펴보면 다음과 같다.

발표일	규범 명	내용
2018. 4. 25.	「유럽을 위한 인공지능 Artificial Intelligence for Europe」	○ 디지털 유럽 표방
2018. 12. 3.	「신뢰할 수 있는 인공지능 윤리 지침서 Ethics Guideline for Trustworthy Artificial Intelligence」	○ 인공지능 체제 구축과 실현을 위한 7가지 핵심 요소 제안
2020. 2. 19.	「인공지능백서 White Paper On Artificial Intelligence – A European approach to excellence and trust」	○ 인공지능에 대한 유럽연합의 규제전략과 규제체제 ○ 인공지능에 관한 전략과 정책이 집약
2021. 4. 21. (2023. 6. 14. 통과)	「인공지능법 European Commission, Regulation of the European parliament and of the Council: Laying Down Harmonised Rules on Artificial Intelligence (Artificial Intelligence Act) and Amending Certain Union Legislative Acts」	○ 인공지능정책 최초 법조문화

2 「인공지능법」의 주요 내용

「인공지능백서」 이후에 제정된 「인공지능법」은 그동안 제시해온 정책을 규율체계로 옮긴 실천적 의미가 있으며, 회원국에 구속력을 가진 최초의 규율이라고 할 수 있다.[315] 동법은 총 12편으로 구성되어 있는데 제1편에서는 범위와 정의, 제2편에는 금지된 인공지능 실행, 제3편에는 고위험 인공지능 시스템, 제4편에서는 확실한 인공지능 시스템을 위한 투명성 의무, 제5편에서는 혁신을 위한 지원 조치, 제6편에서 제8편에서는 거버넌스와 실행, 제9편에서는 행동강령, 제10편에서는 기밀과 처벌사항, 제11편에서는 권한위임과 위원회 절차, 제12편에서는 최종 규정을 두어 입법 개정 사항과 시행 및 적용 등에 관하여 규율하고 있다.

(1) 주요 목표

「인공지능법」은 다음과 같이 네 가지 목표를 세우고 있다.[316] 첫째, 유럽연합 시장에 출시되고 있는 인공지능 시스템을 안전하게 사용하고 현행 기본권과 유럽연합의 가치를 준수하도록 보장한다. 둘째, 인공지능에 대한 투자와 혁신을 촉진하기 위한 법적 확실성을 보장한다. 셋째, 인공지능 시스템에 적용되는 기본권과 안전 요건에 대한 현행법의 체계(거버넌스)를 강화하고 효과적인 집행을 실행한다. 넷째, 합법적이고 안전하며 신뢰할 만한 인공지능 애플리케이션 구축을 위해 단일 시장의 개발을 촉진하고 시장 파편화를 방지한다.

(2) 위험성 관리

「인공지능법」은 인공지능 규제와 관련된 목표를 달성하기 위해 '위험 기반 접근(risk-based approach)' 방식을 기반으로 하고 있다. 이에 따르면 위험은 ① 용인할 수 없는 위험(unacceptable risk), ② 고위험(high-risk), ③ 낮은 위험 또는 최소 위험(low or minimal risk)으로 구분한다.[317] 각 위험도에 따른 규제 내용은 다음과 같다.

1) 용인할 수 없는 위험

먼저 용인할 수 없는 위험은 기본권 침해와 같이 유럽연합 가치에 위반되어 수용할 수 없는 위험을 말한다.[318] 개인의 행동을 중대하게 왜곡하거나 신체적 또는 심리적 피해를 초래할 수 있으며, 개인의 잠재의식에 영향을 미치는 기술을 탑재한 인공지능 시스템을 출시하거나 서비스 제공 및 사용은 금지된다(제5조 제1항 제1호). 또한 특정 집단에 속한 개인의 행동을 중대하게 왜곡할 목적으로 나이, 신체, 정신장애 등 해당 집단의 취약성을 이용하는 인공지능 시스템을 출시하거나 서비스 제공 및 사용은 금지된다(제5조 제1항 제2호).

2) 고위험

고위험 인공지능 시스템은 자연인의 건강과 안전 또는 기본권에 관련하여 높은 위험을 발생시키는 것으로, 동법에서는 필수 요건을 구비하고 사전에 적합성 평가를 한 경우에는 허용한다.[319] 안전 부품으로 사용되거나 부속서 Ⅱ에 열거된 법률에 적용받는 제품 자체인 인공지능 시스템, 부속서 Ⅲ에 명시된 인공지능 시스템은 고위험 인공지능 시스템으로 간주한다(제6조). 부속서 Ⅲ에 열거된 내용은 생체인식, 핵심 인프라(물, 가스 등)의 운영과 관리, 교육과 직업 훈련, 고용·직원 관리와 자영업, 민간과 공공의 필수 서비스, 법 집행, 이주·망명·국경통제 등을 말한다.

▶ 표 18 「유럽연합 인공지능법」의 위험성 분류

위험성	내용
용인할 수 없는 위험	○ 기본권 침해와 같이 유럽연합의 가치에 위반되어 수용할 수 없는 위험 ○ 개인의 행동을 중대하게 왜곡하거나 신체적 또는 심리적 피해를 초래할 수 있으며 개인의 잠재의식에 영향을 미치는 기술이 탑재된 인공지능 시스템과 관련해 시스템 출시, 서비스 제공 및 사용 금지

고위험	○ 자연인의 건강과 안전 혹은 기본권에 관련하여 높은 위험을 발생시키는 인공지능 시스템
	○ 필수 요건을 구비하고 사전 적합성을 평가한 경우에는 허용
	○ 안전 부품으로 사용되거나 부속서 II에 열거된 법률에 적용을 받는 제품 자체인 인공지능 시스템
	○ 부속서 III에 명시된 인공지능 시스템
	
	○ 고위험 인공지능 시스템 업체의 준수 사항
	  ① 위험관리시스템 구축
	  ② 데이터 및 데이터 체계(거버넌스) 마련
	  ③ 기술문서 작성과 기록 유지
	  ④ 사용자에 대한 정보 제공과 투명성 보장
	  ⑤ 인간에 의한 통제
	  ⑥ 정확성·견고성·사이버 보안
	
	○ 고위험 인공지능 시스템 공급업체의 품질관리시스템 구축
	  ① 고위험 인공지능 시스템에 관한 적합성 평가 절차, 절차 준수가 포함된 규제 준수 전략
	  ② 설계, 설계 제어, 설계 검증에 사용하는 기술과 체계적 조치
	  ③ 개발, 품질관리, 품질 보장에 사용하는 기술과 체계적 조치
	  ④ 개발 전후와 개발 중에 수행해야 하는 검사와 테스트, 확인 절차와 수행 빈도 등의 문서화

낮은 위험 또는 최소 위험	○ 고위험이 아닌(non-high-risk) 인공지능 시스템에 관해 자발적 행동강령 준수 권장 ○ 소상공인과 스타트업의 특정한 이익과 요구를 고려한 행동강령 제정

3) 낮은 위험 또는 최소 위험

유럽연합 집행위원회는 고위험이 아닌(non-high-risk) 인공지능 시스템에 관하여 자발적으로 행동강령을 준수할 것을 권장하고 있다(제69조). 집행위원회와 인공지능위원회는 행동강령을 제정할 때 소상공인과 스타트업의 특정한 이익과 요구를 고려해야 한다(제69조 제4항).

Ⅳ. 싱가포르의 인공지능 정책

싱가포르는 인공지능에 대한 준비가 잘된 도시로 평가받고 있다. 싱가포르는 2019년 경영 컨설팅회사 올리버 와이먼 포럼(Oliver Wyman Forum)에서 발표한 글로벌 도시 인공지능 준비 지수(Global Cities AI Readiness Index)에서 1위를 차지한 바 있다.[320] 평가 항목은 비전, 실행, 자산, 개발로 되어 있는데 싱가포르는 특히 비전 부분에서 상당히 높은 점수를 받았다(싱가포르 98.4점, 당시 2위였던 런던은 비전 부분에서 78.9점을 받음).

싱가포르가 높은 평가를 받을 수 있었던 것은 싱가포르가 각 분야에서 인공지능 기술을 접목하는 데 적극적이기 때문이었다. 평가 당시 싱가포르 상황을 보면 ① 교통과 물류 ② 스마트시티와 부동산 ③ 건강관리 ④ 교육 ⑤ 안전과 보안 등 다양한 분야에서 국가 차원의 인공지능 전략을 펼치고 있었다.[321] 싱가포르는 인공지능 활용을 위해 활발히 준비하면서 그로 인하여 발생할 수 있는 문제점에 대비하여 다음과 같은 정책을 세웠다.

싱가포르 개인정보보호위원회(Personal Data Protection Commission, PDPC, 이하 '위원회')는 2018년 6월 5일 인공지능의 윤리적 책임과 소비자 보호 등에 관한 내용을 담은 「책임감 있는 AI의 개발과 채택 촉진을 위한, 인공지능과 개인정보에 대한 토론 보고서(Discussion Paper on Artificial Intelligence and Personal Data- Fostering Responsible Development and Adoption of AI, 이하 토론 보고서)」[322]를 발표했다.

위원회는 이 보고서를 통해서 인공지능의 복잡한 문제에 대해 정보를 제공하고 토론을 장려할 것을 목표로 삼았다. 또한 민간부문에서 디지털 경제 전반에 걸쳐 자발적으로 적용할 수 있는 경영 체제를 구축하기를 희망하고 있다. 이 보고서의 주요 내용을 표로 정리하면 다음과 같다.

▶ **표 19** 싱가포르 「인공지능과 개인정보에 대한 토론 보고서」 주요 내용 ─────

원칙과 제안		내용
원칙	원칙 1	설명 가능성, 투명성, 공정성
	원칙 2	인간 중심적 의사결정
인공지능 정책을 위한 제안	제1단계	목표 확인
	제2단계	적절한 조정 방법의 선택 ○ 데이터의 책임성 ○ 반복성 ○ 추적 가능성
	제3단계	소비자 관리
	제4단계	의사결정과 위험 평가

이 보고서의 내용에서 제4단계는 의사결정과 위험 평가를 함께 고려하는 것이다. 이익을 최대화하면서 위험은 최소화하기 위해서는 다음과 같은 경우를 생각해 볼 수 있다. 기관이나 조직은 소비자에게 위해의 심각성과 위해를 가할 확률이 모두 높다고 평가되는 사항은 인간의 결정에 맡긴다. 반면, 모두 낮은 경우는 자동 의사결정에 의존한다. 그리고 위해를 가할 확률이나 심각성 중 한 편이 높고 다른 한 편이 낮은 경우는 인간이 결정은 하지만 인공지능의 제안에 바탕을 두고 결정한다.

▶ 의사결정 행렬 모형 ─────────────────────

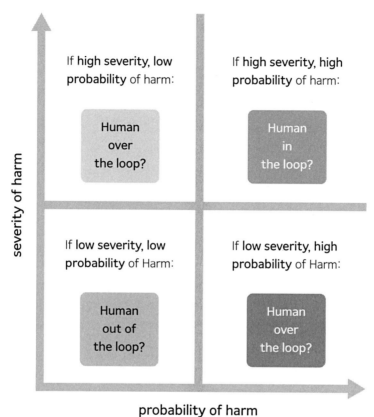

출처: PDPC, 2018[323]

V. 각국의 인공지능 정책 평가와 방향

1 각국의 인공지능 정책 평가

(1) 미국과 유럽의 인공지능 정책 평가

지금까지 인공지능의 위험에 대처하는 각국의 기업과 정부의 노력을 살펴보았다. 그 내용을 요약하면 미국의 경우 주로 민간과 학계가 인공지능 발전을 주도하고 있으며 아실로마 선언과 스튜어트 러셀 교수에 따르면 인간에게 이로운 기계에 중점을 두고 있다. 연방거래위원회가 제안한 「인공지능과 알고리듬 사용에 대한 지침」은 이러한 선언의 연장선에 있다고 할 수 있다.

또한 미국은 무엇보다도 인공지능을 성장시키는 데 초점을 맞추고 있다. 따라서 인공지능에 관하여 광범위하게 규제하기보다는 기존의 규제를 적용하고자 하는 접근을 취하고 있다.[324] 예를 들어 자율주행 자동차에 대한 규제도 현재의 규제 내에서 조정하여 인공지능에 대한 혁신과 성장의 장을 마련하고자 한다.[325]

한편, 유럽의 법안은 인공지능에 대한 단일법을 통해 위험 정도에 따라 규제 체계를 설정하고, 규제와 함께 지원하는 종합적인 접근 방식이다.[326] 인공지능 윤리가 인공지능 법으로 전환되는 경우 규제의 증가에 대한 우려가 있다.[327] 법제화가 된다는 것은 산업의 혁신보다는 소비자의 보호에 중점을 둔 것이라고 할 수 있기 때문이다.[328] 하지만 「인공지능법」의 네 가지 목표 중 두 번째에서 언급한 바와 같이 인공지능에 대한 투자와 혁신을 촉진하기 위한 점도 명시하고 있으므로 동법을 통한 인공지능에 대한 지원도 기대해 볼 수 있다.[329]

또한 「인공지능법」과 그 전에 발표한 「유럽을 위한 인공지능」에 인공지능에 관한 정의를 두고 있는 점에서 알 수 있듯이 유럽에서는 인공지능에 관한 개념을 확립하고자 하는 노력이 보인다.

그리고 「인공지능법」에서는 위험성 관리를 중심으로 규정을 확립했으며 높은 위험성을 가진 인공지능에 대한 공급업자, 유통업자, 사용자 등에 관한 의무를 부여했다. 나아가 회원국뿐 아니라 제3국에 소재를 둔 제공자와 사용자에게 본 규제가 적용된다. 이러한 점은 동법이 인공지능에 관한 혁신과 투자를 위한 최소한의 안전장치라고 할 수 있다.[330] 위의 내용은 한국에서 인공지능에 관련된 규범을 제정할 때 참고할 만한 사항이다. 미국과 유럽의 인공지능 관련 주요 정책을 비교하면 다음과 같다.

▶ 표 20 미국과 유럽의 인공지능 관련 주요 정책 비교

정책명	국가	내용
「인공지능 규제 지침서」 (2020.1.)	미국	1. 인공지능에 대한 대중의 신뢰 확보 2. 대중의 참여 3. 과학적 무결성과 정보 품질 제고 4. 리스크 평가와 관리 5. 편익 비용 6. 유연성 7. 공정성과 무차별성 8. 공개 및 투명성 9. 안전과 보안 10. 기관 간 협력
「인공지능과 알고리듬 사용에 대한 지침」 (2020.4.)	미국	1. 알고리듬 사용의 투명성 2. 알고리듬을 활용한 의사결정에 대한 설명 3. 의사결정에 대한 공정성 보장 4. 데이터·모델의 견고성과 실증적 타당성 보장 5. 법령 준수, 윤리, 공정성, 비차별성에 대한 책임감
「인공지능백서」 (2020)	유럽	1. 우수 생태계 구축 ○ 회원국 사이의 협력 촉구 ○ 분산된 연구 센터 간에 협력 체계 구축 ○ 중소기업의 인공지능 접근성 보장 ○ 공공부문 인공지능 채택 ○ 국제기구와 협력을 통한 국제적 지도력 발휘 2. 신뢰 생태계 구축 ○ 인공지능의 불확실성에 대한 우려 불식 ○ 기본권 침해나 민주주의 위협에 대응하는 정책
「인공지능법」 (2021)	유럽	1. 위험 기반 접근 방식 ○ 용인할 수 없는 위험 ○ 고위험 ○ 낮은 위험 또는 최소 위험 2. 고위험 인공지능에 대한 의무 부과: 시스템 공급업자, 유통업자, 사용자의 준수 사항 규정 3. 제3국에 소재를 둔 제공자와 사용자에게도 규제 적용

(2) 싱가포르의 인공지능 정책 평가

각 분야에 인공지능을 도입하기 위한 활발한 정책을 펼치고 있는 싱가포르는 기본 정책을 바탕으로 주기적으로 정책 내용을 보충하고 있다. 그리고 인공지능을 사용할 기관이나 단체가 인공지능에 대한 정책을 수용하도록 돕기 위한 토론을 권장하고 있다.

생각건대, 토론의 장을 마련하는 점은 사회 구성원의 합의를 효과적으로 도출하는 방법이라고 할 수 있다. 토론을 통해 인공지능 정책에 대한 관심을 높일수 있으며 인공지능 활성화와 정보 보안 등과 같은 다양한 목표를 달성하는 방법을 찾아낼 수 있을 것이다.

또한 싱가포르에서는 문서화를 강조하고 있는데 인공지능 활용에 관한 문서를 마련해서 인공지능의 설명 가능성, 반복성, 추적 가능성을 높이고자 노력하고 있다.

2 국내 인공지능 정책

국내에서는 2018년 한국 기업으로 처음으로 카카오가 윤리 규정을 제정했고 이후 다른 기업에서도 잇달아 지침을 발표하고 있다.[331] 또한 한국 정부는 2021년 5월에는 「신뢰할 수 있는 인공지능 실현 전략」을 발표하여 "누구나 신뢰할 수 있는 인공지능, 모두가 누릴 수 있는 인공지능 구현"을 목표로 삼고 있다.[332] 한국 정부는 인공지능 관련 법률을 제·개정하면서 필요한 영역에서 특별법 또는 기본법을 추가로 제·개정하는 방식을 취하고 있다.[333]

3 「2024 인공지능 지침서」의 주요 내용

인공지능이 공정한 결정을 하기 위해서는 먼저 알고리듬 자체가 공정하게 설계되어야 한다.[334] 그리고 인공지능에 알고리듬을 구축할 때 단순히 과거의 자료를 모으는 것을 넘어 자유와 평등처럼 우리 문화가 현재 수용하는 가치들을 반영해야 한다.[335] 이러한 가치들을 구현하기는 쉽지 않기 때문에 설계자는 인공지능 알고리듬을 개방적으로 구성하여 계속 수정하고 보완할 수 있도록 해야 할 것이다.[336] 또한 인공지능 전문가 윤리는 윤리 조항을 단순히 법조문처럼 나열하는 것이 아니라, 전문가들이 자신들의 건전한 윤리 의식을 통해 최대한 자율적으로 활동할 수 있도록 길을 마련해 주는 것이어야 한다.[337]

한국형 인공지능에 관한 입법은 어떤 방향으로 가야 할까? 한국은 인공지능 규제를 최소한으로 하여 인공지능을 성장시키는 데 중점을 두어야 할 것으로 보인다. 기업들이 자율적으로 윤리원칙을 지키는 방향으로 규제가 이뤄져야 할 것이다.[338] 인공지능을 성장시키는 데 중점을 두되 인공지능의 부작용을 최소화하기 위한 것이어야 한다.

이러한 점을 염두에 두고 지금까지 살펴본 각국의 인공지능 정책을 바탕으로 본 논문에서는 다음과 같이 인공지능 지침을 제안해 본다. 이 지침에는 특히 인공지능이 사회적 약자를 보호할 것을 명시적으로 선언하고 있다. 인공지능을 도입하여 활용하면서 취약 계층을 포함하여 국민의 사법 접근성을 높이는 제도가 마련되어야 한다.

「2024 인공지능 지침서」

첫째, 인공지능은 인간을 존중해야 한다.
둘째, 인공지능은 인간이 통제할 수 있어야 한다.
셋째, 인공지능은 사회적 약자를 보호해야 한다.
넷째, 인공지능은 안전해야 한다.
다섯째, 인공지능은 신뢰성이 확보되어야 한다.

지금까지 언급한 각국의 인공지능에 관한 정책은 인공지능을 민사소송에 도입할 때 그 활용 기준으로 참고할 수 있을 것이다. 이 정책을 사법절차에서 활용할 때 해당 기준을 고려하되 인공지능의 발달 정도나 국내 재판절차의 특수성에 맞춰 지침이 수정되어야 한다는 의견이 있다.[339]

인공지능 정책을 통해 인공지능이 사법절차에 활용되는 경우 발생 가능한 재판 조작 가능성, 알고리듬의 불투명성·편향성 등에 대한 대책을 모색할 수 있을 것이다. 이를 통해 궁극적으로 사법 접근성을 높이는 방향으로 나아갈 것으로 보인다. 다음은 이러한 정책을 바탕으로 각국 사법 분야에서 인공지능의 활용 현황을 살펴본다.

각국의 민사소송에서 인공지능의 활용

> 각국 사법 분야에서 인공지능을 어떻게 활용하고 있을까?

I. 싱가포르 법원의 인공지능 활용

싱가포르 법원에서는 지능형 판례 검색 시스템을 도입했고, 교통사고에서 과실 비율과 보상액을 산출하는 재판예측에 인공지능을 활용하고 있다.

1 지능형 판례 검색 시스템

싱가포르 사법부는 난양 이공대학교(Nanyang Technological University, NTU)의 스마트 국가 연구소(Smart Nation Research Centre)와 협력하여 인공지능 기술을 활용한 지능형 판례 검색 시스템(Intelligent Case Retrieval System, ICRS)을 개발하는 데 성공했다고 발표했다.[340] 사법부는 이 도구가 가장 관련성이 높은 판례를 검색하여 법률가의 판례에 대한 이해를 높이고 법에 관한 연구를 수행하는 데 이바지한다고 언급했다.

그리고 분쟁 당사자들은 사건 쟁점에서 그 장점과 약점을 더욱 잘 평가할 수 있으므로 질적으로 높은 소송 자료를 제출할 수 있게 될 것이라고 한다. 이에 따라 판결의 질을 높이게 되어 법관의 의사결정에도 보조적인 지원을 하는 것으로 보고 있다. 결국, 이 시스템 개발의 궁극적인 목표는 법원의 신뢰성을 높이는 것이라고 밝히고 있다.

2 온라인 교통사고 손해배상 청구

(1) 개요

싱가포르에서는 교통사고가 발생하면 사용할 수 있는 '온라인 교통사고 손해배상 청구(Motor Accident Claims Online, MACO, 이하 마코)' 플랫폼이 있다.[341] 이것은 싱가포르 법원과 싱가포르 법학 아카데미(Singapore Academy of Law, SAL)가 함께 개발한 무료 시스템으로 분쟁 당사자가 광범위한 법적 절차 없이 비교적 간단하게 합의에 도달하도록 조력하고 있다. 앞으로 경미한 자동차 사고에 대해서는 인공지능을 활용하여 자동 판결까지 제공할 계획이라고 한다.

(2) 절차와 내용

이용자가 마코에서 제공하는 일련의 질문에 따라 답변하면 해당 사건의 결과가 산출된다. 이 플랫폼에는 책임 시뮬레이션과 보상액 시뮬레이션이 있다.

1) 책임 시뮬레이션

책임 시뮬레이션에서는 귀책 사유에 관한 결과를 얻을 수 있는데 이 시뮬레이션을 완료하기까지 약 5분 정도의 시간이 소요된다. 먼저 교통사고 신고서, 차량 손해 신고서 등을 준비한다. 산출 결과는 예컨대 일방 당사자의 과실 비율을 100%로 인정하거나 각각 70%, 30%가 나올 수 있다.

2) 보상액 시뮬레이션

보상액 시뮬레이션은 교통사고에 대한 보상액을 산정하며 약 10분의 시간이 소요된다. 이 단계도 역시 주어진 질문에 따라 답변을 제출하면 그 결과를 산출할 수 있다. 사고가 발생한 위치와 두 차량의 상대적인 위치, 특정 유형의 부상으로 인한 고통 정도에 따라 가해자의 책임을 결정한다.[342]

(3) 효과 및 한계

이 시뮬레이션에서 산출한 결과는 분쟁 당사자들의 합의를 촉진하기 위해 활용되고 있다. 당사자들이 신속하게 분쟁 결과를 파악하고 대응할 수 있게 된 것이다.

한편, 마코는 두 당사자 간의 사고로 범위를 제한하고 있으며 차량이나 기타 재산에 관한 손해(수리 비용, 차량 사용에 대한 손실 비용) 등에 대하여는 포함하지 않는다. 또한 장래 수입과 수입 능력에 대한 상실이나 의료비와 같은 상해로 발생하는 손해 역시 포함하지 않는다. 그리고 21세 미만이거나 정신적 능력이 인정되지 않으면 해당 플랫폼을 사용하는 것은 권장하지 않는다. 이 경우 만약 마코를 사용한다면 당사자 합의 사항에 관해 해당 법원의 허가를 받아야 한다.

▶ 싱가포르 온라인 교통사고 손해배상 청구(MACO) 홈페이지 일부 ───────

II. 영국 법원의 온라인 분쟁 해결 제도

영국 법원은 소액재판에서 온라인 분쟁 해결 제도를 활용하고 있다. 인공지능을 활용한 제도는 아니지만 보다 발전된 형태의 온라인 분쟁 해결 방식이라고 할 수 있다.

1 온라인 금전 청구 제도 개관

영국 법원(HM Courts & Tribunals Service)에서는 '온라인 금전 청구(Money Claim Online, 이하 MCOL)' 시스템을 제공하고 있는데 소액재판을 위한 온라인 서비스이다.[343] 절차에 따라 정보를 제공하면 자동으로 문서가 작성되어 소가 개시되는데 그 전에 분쟁 당사자는 소송 전 절차(pre-action conduct)를 밟아 분쟁을 해결하도록 하고 있다. 이 단계를 거치지 않으면 소송에 영향을 미칠 수 있다. 소송 전에 원고는 피고에게 서면을 발송하여 답변할 기회를 주어야 한다.

이 절차를 활용할 수 있는 청구 금액은 100,000파운드(£) 미만이다. 원고가 18세 미만이거나 법률구조가 필요한 경우, 사고나 상해에 관한 보상이나 소권 남용을 이유로 법원이 소송을 제한하는 경우 등은 본 소송에 참여할 수 없다. 또한 피고가 18세 미만이거나 정신적 능력이 결한 자, 정부를 상대로 하는 경우 등도 이 절차를 활용하는 소송이 불가능하다. 절차를 진행하기 위해 먼저 등록해야 하고 등록을 하면 고객 번호가 부여된다. 그리고 다음과 같은 단계를 거친다.

2 단계별 내용

(1) 원고의 소송 절차

• 1단계: 안내

안내 단계는 MCOL 사용에 대한 정보와 자료를 제공한다. 원고는 소를 제기하기 전에 안내문을 읽고 소송 비용을 비롯하여 주어진 정보를 숙지해야 한다.

• 2단계: 원고 세부 정보

이 절차에 등록하면 원고가 되는데 2단계 화면에는 처음에 등록한 정보가 저장되어 있다. 정보를 더 입력하고 싶다면 이 단계에서 정보를 추가할 수 있다.

• 3단계: 연락 주소

MCOL을 사용하기 위해서는 주소가 영국 내에 있어야 한다.

• 4단계: 피고 세부 정보

① 피고의 수

MCOL에서 피고 등록은 최대 2명까지 가능하다. 피고가 두 명이면 추가 버튼을 눌러서 두 번째 피고를 추가한다. 각 개인은 별도로 등록되어야 한다. 예를 들어 남편과 아내를 상대로 소송을 하는 경우, 첫 번째와 두 번째 줄에 피고로 별도 기재해야 하며 한 줄에 함께 기재해서는 안 된다.

② 피고 선택

피고는 개인 또는 단체일 수 있다. 앞에서 언급한 바와 같이 정부 부처를 피고로 할 수 없으며, 정부 부처를 피고로 하는 경우 판사가 청구를 기각할 수 있다. 이때 소송 비용은 환급하지 않는다. 피고에 대한 정확한 정보를 제공해야 하며 회사인 경우 정식 등록된 회사명을 기재해야 한다. 명칭이 정확하지 않으면 타 회사에 소를 제기할 수 있으며 집행이 불가능할 수 있다.

③ 피고의 유효한 주소 입력

피고의 주소를 입력할 때는 잉글랜드와 웨일스의 주소를 기재해야 하며 그 밖의 주소에는 관할권이 없다. 피고가 개인이면 일상 거소 또는 마지막 거주 주소로 알려진 곳에, 피고가 단체인 경우 등록된 사무실 등을 주소로 한다.

• 5단계: 청구 내용

청구 금액을 명시하고 이유를 적는 단계이며 총 1,080자로 제한된다. 이유를 설명할 공간이 온라인에서 충분하지 않다면, '세부 정보를 피고에게 직접 보내기'를 선택할 수 있다. 그리고 이자를 청구할 수 있으며 변호사인 경우 변호사 수임료도 입력할 수 있다.

• 6단계: 요약 및 사실 진술

이 단계에서는 입력한 정보를 검토하고 확인한다. 소를 바로 제기하고 싶지 않으면 소송 초안을 저장해 둘 수 있다. 청구 초안은 28일 동안 저장되며 그 기간 중 언제든지 수정할 수 있다. 28일 이후 소송을 제기하지 않으면 초안은 삭제된다. 소를 제기하기 전에 안내문을 읽었다는 점을 확인하는 메시지가 표시된다. 세부 정보를 살펴본 후 확인란에 표시하고 서명 상자에 서명한다.

• 7단계와 8단계: 결제와 정보 확인

소송 비용은 신용카드나 직불 카드를 사용하여 지급해야 한다. 24시간 이후에 다시 로그인하여 '완료(결제 성공)'가 표시되면 소를 성공적으로 제기한 것이다. 추가 세부 사항을 피고에게 직접 송달하는 경우 소 제기 후 14일 이내 세부 사항을 전달해야 한다. 소를 취하하는 경우 소 취하서를 제출하고 피고와 법원에 송달한다. 소송 비용은 환불받을 수 없다.

(2) 피고의 응소

피고는 법원으로부터 소장을 송달받으면 14일 이내에 답변을 제출해야 한다. 온라인으로 답변을 제출할 수 있다. 피고는 청구 금액 전액에 대해 이의를 제기할 수 있고 원고에 대해 반소를 제기할 수 있다. 반소를 제기하는 경우 피고는 소송 비용을 지급해야 한다. 피고는 청구 일부에 대하여 이의를 제기하고 피고가 인정하는 청구 금액을 제시할 수 있다.

원고는 세부 사항을 전달받고 청구 금액 전액을 진행할 것인지, 피고가 승인한 금액만큼 소송을 진행할 것인지에 관하여 진술한다. 이러한 절차를 거쳐 소송이 종료되면 원고는 판결문의 형식을 선택할 수 있는데 온라인 판결문 또는 일반 판결문 중에서 선택할 수 있다.

▶ 영국 온라인 금전 청구(MCOL) 홈페이지 일부

HM Courts & Tribunals Service · *Money Claim* Online · Version: [v10.4.2.ce31183c] HMCTS Home | User Guide

Welcome to Money Claim Online

> Money Claim Online (MCOL) is HM Courts & Tribunals Service Internet based service for claimants and defendants.
> Money Claim Online is a convenient and secure way of making or responding to a money claim on the internet.

IMPORTANT: YOU MUST READ THIS BEFORE TRYING TO CONTACT THE HELPDESK:

Before you begin using the Money Claim Online Service please make sure you familiarise yourself with the following information:

> MCOL User Guide for Claimants
> When you have registered with the MCOL website please make a note of the 12 digit User ID and your password. Without this, we may be unable to retrieve the details of your MCOL account so you may not be able to access your accounts in the future.

To begin using the Money Claim Online Service you are required to register for an account with the UK Government Gateway. For problems logging in please refer to the annex on the final page of the user guide.

III. 미국 법원의 인공지능 활용

2020년 미국 합동기술위원회(Joint Technology Committee, JTC) 보고서[344]는 인공지능을 '새로운 표준'이라고 언급했다. 그리고 미국 법원에서 활용하고 있는 인공지능 시스템인 자연어 처리 방식 기반의 챗봇, 광학 문자 인식 방식 등에 관해 다음과 같이 소개하고 있다.

1 자연어 처리 방식 기반의 챗봇

자연어 처리 기술을 기반으로 한 챗봇 사용이 점차 증가하고 있다. 감성 분석과 자동 요약 기능을 포함한 정교한 자연어 처리 능력이 온라인 분쟁 해결 방법에 활용되고 있다. 뉴저지주 법원에서는 지아(Judiciary Information Assistant, JIA)라는 챗봇을 활용해 점점 많은 문의를 처리하고 있다.

이 시스템을 구축하기 위해 법원은 웹사이트에 문의 사항, 표준 운영 절차, 지침서 등의 기존 정보를 모았다. 지아를 단계별로 공개하면서 정보의 품질과 정확성을 보장하려 했다. 처음에는 일부 법원 직원에게만 공개해 테스트를 거쳤는데, 직원들은 전화상담실의 문의 사항에 관해 수작업으로 답변을 입력했다. 모든 질문과 답변에 대한 보고서를 검토하고 챗봇의 응답 내용을 조정했으며 시스템을 훈련하기 위해 변형된 질문을 다양하게 추가했다.

지아의 응답이 80%의 정확도를 보였을 때 10,000명의 직원에게 폭넓게 공개했다. 그 후 예상하지도 못한 질문에 시스템의 정확도가 30%로 떨어졌고, 다시 정확도를 80%로 높이기 위해 추가적인 질문과 답이 보강되었다. 이러한 과정을 거쳐 법원 홈페이지에 공개했는데 전화상담실의 건수는 낮아지고 문자 문의가 증가하는 결과를 가져왔다.

2 광학 문자 인식 방식

광학 문자 인식은 오래된 인공지능의 기술 중의 하나로 타자, 인쇄, 필기 등의 글자에서 정보를 인식하는 데 사용되는 전자 처리 장치이다. 과거 미국 우체국에서 우편 분류에 사용했었는데 현재 기술이 더욱 정교해지고 있다. 플로리다 팜 비치(Palm Beach) 법원에서는 이 기술을 사용하여 수신되는 전자 파일 문서를 스캔하고 자동으로 기록하고 있다. 이 시스템은 사건번호를 확인하고 다른 필수 정보와 함께 문서 제목을 추출하고 캡처한다. 그 후에 법원 사건 관리 시스템에 자동으로 전달한다.

IV. 일본 사법 분야의 인공지능 활용

일본은 디지털화 지연을 겪고 있다. 최근 일본의 한 의원이 일본 참의원 예산위원회에서 발표한 자료에 따르면 한국, 미국, 독일, 영국, 일본 공문서의 디지털화는 한국이 98%로 5개국 중에 가장 높았고 그다음 미국, 독일이 뒤를 이었다.[345] 일본은 15.1%로 매우 낮은 수준으로 디지털화가 지연돼 일본의 변화가 더디다는 지적을 받고 있다.[346] 일본 사회에는 상사에게 보고하는 서류의 경우 허리를 숙이듯이 비스듬하게 도장을 찍는 도장 예절이 있을 정도로 도장 문화가 발달했고, 전자 결재보다는 만나서 도장을 찍는 것을 선호하고 있다.[347]

이러한 일본이 인공지능을 통한 변화에 박차를 가하고 있다. 일본 법무성에서는 민사 판례의 빅데이터화 작업이 수행되고 있으며 민간부문에서 챗지피티를 활용한 법률상담 서비스 출시를 계획하고 있다.

1 민사 판례의 빅데이터화

일본 법무성은 민사재판의 모든 판례를 빅데이터로 만드는 새로운 시스템을 구축한다고 밝혔다.[348] 이 시스템은 방대한 데이터에 근거하여 판례 분석을 가능하게 하여 분쟁을 조기에 해결하거나 예방하는 데 목적을 두고 있다.

일본 사법 통계에 따르면 2019년 대법원에서 간이 재판소까지 전국 법원이 선고한 민사 판결은 약 20만 건이다. 하지만 사회적인 주목을 받거나 선례로서 중요한 판례는 법원의 홈페이지에 올리거나 판례잡지에 게재되지만, 이는 소수에 불과하다. 이러한 판례는 법조계나 연구자들에 의해 제한적으로 사용됐다.

판례는 원고 등 소송 당사자의 개인정보를 익명화하여 제공하며 개인정보 익명화 작업은 기존의 수작업에서 벗어나 인공지능을 활용하여 신속하면서 효율적으로 진행할 계획이다. 이 시스템을 통해 손해배상 청구 소송에서 배상액을 산출하거나 법원이 중점을 두는 쟁점에 대해 분석할 수 있다고 한다. 또한 재판을 예측하거나 제소나 화해 등의 절차에 활용할 수 있을 것으로 기대하고 있다.

2 챗지피티를 이용한 법률상담 서비스

일본의 경우 챗지피티를 활용한 법률상담 서비스 출시를 앞두고 있다.[349] 온라인 법률상담업체 벤고시닷컴(弁護士ドットコム)[350]에서 최근 챗지피티를 사용한 법률상담 서비스를 준비하고 있다고 밝혔다. 이 업체는 현재까지 축적된 법률상담 100만 건을 인공지능에 학습 데이터로 제공할 계획이며 변호사보다 신속하게 응답하는 장점이 있다고 한다. 일본에서 변호사나 변호사법인(弁護士法人) 이외에 유상으로 법률 사무를 취급하는 것이 금지되므로 당분간 무료로 제공할 예정이다.

V. 소결

지금까지 민사분쟁에서 인공지능을 활용한 각국의 대표적인 예를 살펴보았다. 먼저 싱가포르 법원에서는 재판예측과 의사결정을 시도하고 있다. 온라인 교통사고 손해배상 청구 플랫폼은 현재 구속력은 없고 재판예측을 도와주는 기능으로 볼 수 있다. 하지만 앞에서 언급한 바와 같이 가벼운 교통 사건에 관하여는 인공지능이 의사결정까지 가능하도록 계획하고 있다고 하니 인공지능을 활용한 플랫폼의 도입에 대해 상당히 적극적인 것으로 보인다.

영국 법원에서는 일정 금액 이하의 소송 절차 수행을 온라인으로 제공하고 있으며 자동문서 작성 기능으로 소장을 작성할 수 있다. 이 제도는 구체적인 예를 통해 소송 진행에 대해 자세한 안내를 하고 있으며, 판결문의 형태(온라인 판결문 혹은 일반 판결문)도 선택할 수 있는 등 다양한 서비스를 제공하고 있다. 본격적인 인공지능 활용은 아니지만 인공지능을 도입하기 위한 전철을 밟고 있는 것으로 볼 수 있다.

미국에서는 사법 서비스 챗봇을 구축하면서 단계적인 공개와 테스트를 통해 정보의 신뢰성을 확보하고자 하고 있다. 그리고 인공지능에 더욱 많은 학습 데이터를 제공하여 기능이 꾸준히 향상되도록 노력하고 있다. 일본에서는 민사재판에 필요한 빅데이터 구축을 시행하고 있으며, 민간 기업에서는 챗지피티를 활용하여 법률상담에 활용하려는 계획을 세우고 있다.

각국에서 인공지능을 민사소송에 활용하는 것은 아직은 소송을 보조하는 단계라고 할 수 있다. 그러나 앞으로 인공지능을 재판에 활용하려는 시도가 더욱 활발하게 이루어질 것으로 보인다. 싱가포르의 실례와 같이 인공지능이 최종 의사결정에 참여하는 사건도 일부 있을 것으로도 예상된다.

한편, 국내에서 대법원은 2018년 인공지능을 활용하여 지능형 법원을 구축하려는 '스마트법원 4.0' 계획을 발표한 바 있다.[351] 모든 소송 서류를 전면 디지털화하여 빅데이터 분석기반을 마련하고 이를 통해 인공지능 사법 시스템을 마련한다는 것이다. 인공 챗봇의 24시간 상담, 화해와 조정의 가능성 예측, 유사 판례 추천, 판결문의 형식적 초고 생성, 모바일 전자소송 등을 그 내용으로 한다. 각국에서 사법 제도에 활용하고 있는 인공지능의 사례가 국내 지능형 법원 구축에 도움이 될 것으로 보인다.

지금까지 인공지능에 대한 각국의 정책과 민사소송에서 도입하기 위한 노력을 살펴보았다. 그렇다면 인공지능을 국내 민사소송에 도입하기 위해서는 어떠한 논의 사항이 있는지 그리고 실제 소송에서 어떻게 활용될 수 있는지 등에 대해 논의할 필요가 있다. 다음 장에서는 민사소송에서 인공지능 도입과 활용방안 등에 대해서 검토해 본다.

그날이 왔습니다. 인공지능이 법정 사실을 조사하고, 사법적 의사결정을 하는 날이요. …(하지만) 법적 결정에는 여전히 인간의 판단이 개입돼야 하는 회색 지대가 있는 경우가 많습니다.

- 존 로버츠 미국 연방대법원장, 2023 연례연방보고서

제4장

민사소송에서 인공지능 도입과 활용방안

인공지능 기술의 발달과 사법 접근성에서 출발한 논의는 현행 민사소송 제도에 인공지능을 도입할 것인지, 도입한다면 어떻게 구축할 것인지에 대한 방안으로 귀결된다. 이른바 '인공지능 법관'의 도입에 대한 사회적 인식은 과연 어떠하며 이에 관련된 규범적 문제는 무엇인지에 대해 살펴본다. 아울러 인공지능을 사법 제도에 활용하기 위한 종합적인 제안을 하고자 한다.

제1절 인공지능과 민사소송의 이상 · 심리의 내용

> 인공지능을 도입하면 민사소송이 지향하는 이상과 기본 원칙에 어떤 영향을 미칠까?

I. 민사소송의 이상

인공지능을 도입하면 일정 부분 민사소송의 이상인 적정 · 공평 · 신속 · 경제(「민사소송법」 제1조)에 기여할 것이며, 특히 신속하고 경제적인 분쟁 해결에 중요한 역할을 할 것으로 보인다. 다만 신속 · 경제의 측면만 강조하면 오히려 분쟁 당사자의 절차적 권리가 침해될 여지가 있으므로[352] 절차적 권리가 충실히 보장되어야 인공지능 도입에 관한 정당성이 인정될 수 있을 것이다.[353] 그런데 신속 · 경제성이 반드시 절차권과 어긋나는 개념은 아니며 당사자의 절차적 권리보장에 이바지하는 것이기도 하다.[354]

II. 심리의 기본원칙과 내용

1 당사자주의와 직권주의

민사소송에서 법원과 당사자는 일정한 역할과 책임을 분담하는데 당사자가 소송심리의 주도권을 가지는 경우를 당사자주의라고 한다.[355] 반대로 주로 법원이 소송 절차 진행에 임무를 가지는 원칙을 직권주의라고 한다.[356]

미국의 경우 인공지능을 활용한 법정보기술산업(리걸테크, Legal-Tech)[357]이 발달할 수 있는 주요 원인을 당사자주의에서 찾는 입장이 있다.[358] 그 배경으로 변론 전 증거개시 단계에서 분쟁 당사자가 주도적으로 증거를 확보해야 하는 제도에서 찾을 수 있고 한다.[359] 한국은 민사소송에서 법원이 절차의 주도권을 가지고 있으며, 이러한 직권주의 절차에서 리걸테크를 이용할지는 법원과 입법자의 판단에 따르기 때문에 리걸테크의 발전에 한계가 있다고 설명한다.[360]

2 자유심증주의

심리의 내용과 관련하여 인공지능에 자유심증주의가 적용될 수 있는지에 대해 논의가 있다. 자유심증주의란 법관이 심리에 나타난 모든 자료에 근거하여 자유로운 판단에 따라 사실주장에 대한 진실 여부를 확정하는 원칙이다.[361] 심리를 통해 법관이 사실의 존재 여부에 대해 가지는 판단을 심증이라고 하며, 그 판단에 대해 확신을 가지는 상태에 도달하는 것을 심증형성이라고 한다.[362]

먼저, 자유심증주의를 인공지능에 적용하기 어렵다는 견해가 있다.[363] 이에 따르면 인간 법관에게 자유로운 심증 형성에 의한 판단을 허용한 것은 법관의 이성과 양심에 대한 신뢰를 바탕으로 한 것이며, 인공지능에 자유로운 심증형성을 기대하기 위해서는 확고한 신뢰가 뒷받침되어야 가능할 수 있다고 설명한다.[364] 이러한 신뢰는 기계가 적절히 인간의 행동을 평가할 수 있다는 확신이 있어야 형성할 수 있으므로 가까운 미래에는 인공지능이 이러한 기능을 하기에는 어렵다고 한다.[365]

이에 대하여 기존의 자유심증주의에 관해 과학적 증거와 기술의 발전 때문에 새롭게 해석하고자 하는 시도가 있다.[366] 이에 따르면 판결에서 법관의 정서와 직관이 지나치게 자의적이거나 주관적이지 않도록 인공지능을 재판에서 참조하고 적용할 수 있다고 한다.[367]

생각건대, 인공지능의 장점을 활용하여 인간 판단의 오류를 보완할 수 있다면 인공지능은 법관의 심증형성에 일정 부분 조력할 수 있다고 할 것이다.

판례 공개와 개인정보 보호

> 인공지능을 활용하기 위해 판례를 어떻게 공개해야 할까?
  개인정보는 어떻게 보호해야 할까?

인공지능을 재판에 활용하기 위해서는 인공지능 개발을 위한 학습 데이터가 필수적이며 유용한 학습 데이터를 확보를 위해서 판례 공개 문제에 직면하게 된다. 판례 공개에 대한 논의는 인공지능에 대한 관심이 높아지기 전부터 진행되고 있다. 먼저 각국에서의 판례 공개에 대한 논의와 현황을 살펴본 후 인공지능 시대의 판례 공개에 대해 알아본다. 한편, 판례 공개와 관련하여 개인정보 보호에 대한 문제가 대두된다. 이에 인공지능 시대의 프라이버시에 대한 논의와 법규에 대해 살펴본다.

I. 판례 공개 논의와 현황

1 판례 공개의 찬반론

(1) 부정설

판례 공개에 대해 부정적인 견해는 민사재판기록의 경우 현재 민사소송법상 이해관계를 소명하면 비교적 광범위하게 열람권이 인정되고 있으며, 판결문은 정보 공개를 통해 누구나 열람할 수 있으므로 개선이 절실하게 필요하지 않다고 주장한다.[368] 공개할 경우 비실명화 처리 등 보호 조치를 취해야 하므로 소송 관

계인이 불편하고 소송 비용이 증가할 것이라고 우려한다.[369]

또한 재판기일, 장소, 재판의 결과 등의 재판정보는 특정 사건의 법원과 사건번호를 알고 있는 경우 현재 대법원 홈페이지 등을 통해 재판정보를 검색할 수 있으며, 누구든지 모든 사건에 대해 재판정보에 접근할 수 있도록 허용하는 것은 프라이버시 침해 소지가 있다고 본다.[370]

(2) 긍정설

판례 공개를 찬성하는 견해는 먼저 헌법상 보장된 정보공개원칙과 재판공개원칙을 고려하여 판례 공개가 허용되어야 한다는 입장이다.[371] 특히 재판공개에 있어 공개란 공개재판의 '형식'을 구비하고 재판 내용을 구체적으로 공개해야 하며 국민이 접근 가능해야 한다고 본다.[372] 무엇보다도 현재 공개되는 판결문 비율이 매우 낮으며 판결문에 대한 접근이 여전히 제한적이기 때문에 판례 공개 폭을 넓혀야 한다고 주장한다.[373]

그리고 비실명화 작업에 따른 예산을 해결하기 위해 판결문 생성 시 처음부터 개인정보를 기재하지 않을 것을 제안한다.[374] 그리고 미국에서는 한국의 주민등록번호에 해당하는 정보와 주소가 판결문에 포함되지 않는 것을 예로 들고 있다. 집행을 위해서도 판결문에 개인정보가 반드시 있어야 하는 것은 아니며, 집행에 필요한 개인정보는 관련 기관과 개인에게만 공개하면 된다고 주장한다.

나아가 판결문에 가명을 쓰도록 허용할 것을 제안하고 있다. 실명을 확인하기 위해서는 재판기록까지 살펴봐야 가능하게 하고, 판결문 생성 시점에서 판사의 판단으로 개인정보를 삭제할 수 있도록 할 것을 제시한다. 결국 판례 공개를 통해 사법의 투명성, 사법부에 대한 신뢰 제고, 공익을 실현할 수 있다고 한다.[375]

한편, 판례 공개의 필요성을 인정하면서 비공개심리의 경우에는 공개를 제한해야 한다는 의견이 있다. 이에 따르면 개인의 사생활이나 기업 비밀의 보호를 위한 비공개재판이 공개되면 비공개라는 목적이 무의미해진다고 한다.[376]

2 각국의 판례 공개 현황

각국의 판례 공개 현황을 살펴보면 판례가 법원이 되는 영미법계는 적극적으로 판결문을 공개하는 반면, 성문법주의를 취하는 대륙법계 국가에서는 대체

로 선례로 중요하다고 판단한 판결문에만 제한적으로 공개하는 경향이 있다는 점을 알 수 있다.[377]

(1) 미국

미국에서는 선고된 판결을 원칙적으로 전면 공개한다. 연방대법원은 판결이 선고되는 날부터 판결의 내용(Slip Opinions)을 웹사이트에서 공개하는데, 특별한 경우를 제외하고 당사자 정보도 익명화 작업 없이 모두 공개한다.[378] 그 후 출판되기 전에 예비본(Preliminary Prints)으로 공개하고, 최종적으로 미국 연방 대법원 판결집(U.S. Reports)으로 정식 출판되며 웹사이트에서 무료로 내려받을 수 있다.

뉴욕주 법원을 살펴보면 해당 웹사이트에서 이코트(e-court)로 들어가면 각급 법원 판결에 대한 검색이 가능하다.[379] 캘리포니아주 법원 판결(Opinions)에서도 주 대법원판결과 항소법원판결을 찾을 수 있다.[380] 공간 판결(Published Opinions)과 미공간 판결(Unpublished Opinions) 모두 공개한다.

(2) 영국

영국도 대법원판결을 원칙적으로 전면 공개하며 대법원 홈페이지에 게시하고 있다.[381] 확정판결은 선고된 즉시 대법원 홈페이지에 공개하는데 2023년 9월 기준 타임스 뉴 로먼(Times New Roman) 글꼴을 사용하여 PDF 형식으로 판결을 게시하고 있다. 또한 소송 진행 내용을 비디오로 녹화하여 홈페이지에 게시하고 있다.

대법원 홈페이지뿐 아니라 국립문서보관서(National Archives)와 영국과 아일랜드 법률 정보 연구소(British and Irish Legal Information Institute, BAILII, 베일리) 웹사이트에도 HTML 형식으로 공개한다. 2009년 7월 31일 이전에 내려진 판결은 상원 의사당(House of Lords) 또는 베일리 웹사이트에서 볼 수 있도록 하고 있다.

(3) 독일

독일의 판례 공개율은 연방대법원을 기준으로 약 30% 정도로 알려져 있으며[382] 공개된 판례 분량이 인공지능을 훈련하기에 매우 적다는 비판을 받고 있다.[383] 하지만 현재 연방대법원과 각 주의 법원들이 이미 판결문을 상당수 기계판독이 가능한 파일 형식으로 제공하고 있고 새로운 통합 시스템을 구현하여 판례 공개와 관리를 하는 것으로 보인다.[384] 따라서 독일도 판결문 제공과 활용에 긍정

적인 입장이라고 평가할 수 있다.[385]

(4) 일본

일본은 법원 공동 홈페이지 '재판소(裁判所)'에 판례를 공개하고 있다.[386] 이곳에서 최고재판소 판례집, 고등재판소 판례집, 하급재판소 재판례 속보, 행정 사건 재판례집, 노동사건 재판례집, 지적재산 재판례집으로 나누어 공개한다. 홈페이지에는 모든 판례가 본 시스템에 게재되고 있지 않고 주요 판결을 중심으로 공개하고 있으며, 공개된 판결문은 당사자의 표시 부분 게재를 생략했고 판결 원문과 완전히 일치하지 않는다고 밝히고 있다.

일본의 판례 공개는 최고재판소를 기준으로 하면 0.9%이며 하급심까지 포함할 경우 공개율이 0.1% 정도에 그치는 것으로 알려져 있다.[387] 그러나 일본도 사법제도개혁심의회의 의견서 등을 통해 프라이버시를 배려하면서 판례를 인터넷 홈페이지 등에 전면적으로 공개할 것을 촉구하고 있다.[388]

(5) 한국

국내의 경우 「민사소송법」 제정 당시(1960. 4. 4.) 소송 당사자나 이해관계인이 소송기록을 열람할 수 있다는 조문(제151조)이 있었다. 그 후 2002년 1월 26일 개정(법률 제6626호)으로 그 조문은 제162조로 규정되었다. 2007년 5월 17일 「민사소송법」(법률 제8438호)이 일부개정이 되어 이해관계인이 아닌 제3자에게도 소송기록의 열람권을 부여했다. 다만 제3자에게는 "권리구제 · 학술연구 또는 공익적 목적"이 있는 경우에 열람할 수 있었다.

그 후 2011년 7월 18일 일부개정(법률 제10859호)을 통해 「민사소송법」 제163조의2가 추가되어 "권리구제 · 학술연구 또는 공익적 목적"이 없는 제3자까지도 판결서의 열람이 가능해졌다. 2020년 12월 8일 일부개정(법률 제17568호)으로 미확정 판결서까지 공개할 것을 규정했고 2023년 1월 1일부터 시행하고 있다.

국내에서 판결문의 공개는 주로 '판례공보', '대법원판례집', '각급 법원(제1, 2심) 판결공보'의 판례집 발간, 인터넷상 '종합법률정보' 등에 의해 이루어지고 있다. 그동안 판례 공개는 대법원에 의한 "선례적 가치가 있는 판결"의 경우 이루어졌고[389] 그 공개율이 매우 낮았다.[390]

그동안 국내의 판례 공개 비율은 해외의 사례와 비교하여 상당히 제한적이었다. 그러나 민사소송법의 제·개정을 통해 국내에서도 판결문 공개의 폭을 점차 넓히는 데 노력을 기울이고 있는 것으로 볼 수 있다. 2023년부터 형사를 제외한 민사, 행정, 특허 사건의 미확정 판결문도 공개가 되고 있다(「민사소송법」 제163조의2). 그러나 2023년 1월 1일 이후 선고 사건에만 적용되고 그 이전에 선고된 판결은 공개 대상에서 제외된다. 이전의 미확정 판결문까지 공개를 확대해야 판결의 공정성과 투명성을 확보하고 사법부에 대한 국민의 신뢰를 회복하려는 개정이유[391]에 합당할 것이다.[392] 그리고 판례 공개 확대를 부정하는 견해에서 우려하는 개인정보 보호에 대한 다양한 방안이 제안되고 있음을 고려할 때 폭넓은 판례 공개가 필요하다고 생각한다.

▶ 표 21 각국의 판결서 공개 현황

	공개 방법	공개 범위
미국 연방대법원	○ 연방대법원 홈페이지, 연방정부인쇄국 홈페이지 등을 통해 무료 공개 ○ 렉시스넥시스(LexisNexis) 등 사설 법률 데이터베이스 회사에 자료 제공	○ 선고된 판결 전면 공개 원칙
미국 뉴욕주	○ 법원 공식 홈페이지 게시 ○ 웨스트로(Westlaw, 법률 정보 사이트)에 제공 ○ 사실심 법원 판결	○ 최고상소법원과 상급법원항소부 판결 전면 공개 ○ 나머지는 선별적 공개
미국 캘리포니아주	○ 법원 공식 홈페이지 게시 ○ 렉시스넥시스(LexisNexis)에 제공	○ 공간, 미공간 불문 모두 공개
영국	○ 대법원 홈페이지 게시 ○ 베일리(BAILII) 게시 ○ 온라인으로 공개되지 않은 일부 하급심 판결은 법원에 사본 청구 가능	○ 대법원은 전면 공개 하급심은 선별 공개
독일	○ 법원 홈페이지에 게시 ○ 원칙적 무료, 영리적 목적인 경우에만 유료	○ 선별한 판결만 공개
일본	○ 재판소 공통 홈페이지에 공개	○ 선별한 판결만 공개
한국	○ 대법원 홈페이지에 게시 ○ 판례집 발간	○ 선별한 판결만 공개

출처: 송오섭, 2019[393]

3 인공지능과 판례 공개

그동안 판례 공개에 대한 문제는 인공지능을 사법 제도에 도입하는 논의에서 다시 주목받게 되었다. 인공지능과 관련해 판례 공개 찬반론을 살펴보면 공개를 찬성하는 입장에서는 인공지능 기능의 향상을 위해 필수적 학습 데이터인 판례를 공개해야 한다고 주장한다.[394] 또한 인공지능을 훈련하기 위해서는 한 쟁점당 1,000건 이상의 하급심 판결이 필요하다는 연구를 제시하며 인공지능 학습을 위해 하급심 판결문 공개가 대폭 확대되어야 한다고 강조한다.[395]

반면, 판례 공개로 법원과 사설 기관 사이의 인공지능 기술 수준이 벌어지는 것을 우려하는 목소리도 있다. 법원이 판결문을 모두 공개하는 경우 인공지능 관련 사기업체에서는 정보를 수집하여 계속 학습할 수 있지만, 사기업에서는 이용자로부터 확보한 데이터를 공개할 이유는 없기 때문이라고 한다.[396] 이에 따라 법원과 사설 인공지능 간에 기술 수준의 차이가 점점 벌어질 가능성이 있다는 것이다.[397] 사기업에서 더욱 빠르고 합리적인 결론을 내리는 인공지능 분쟁 해결 시스템을 개발한다면 법원의 위상이 축소될 수 있다는 것이다.[398]

법원이 인공지능을 활용하여 사법 시스템을 구축하는 경우 기존의 판례 공개에 대한 일반적 논의와는 다소 다른 점이 있을 것이다. 이 경우 판례 공개는 법원 외에서 법원이 구축된 시스템에 대하여 설명 가능성, 투명성, 공정성 등을 감시하는데 조력할 것이다.

무엇보다 판례 공개에 대한 요구에도 그동안 법원이 판례의 공개에 대해 소극적인 이유는 개인정보 보호와 관련하여 프라이버시 침해의 우려인 것으로 보인다. 이와 관련하여 인공지능 시대에는 프라이버시에 대해 어떤 논의가 진행되고 있는지에 대해 검토한다.

II. 프라이버시에 대한 논의와 개인정보 비식별화

1 인공지능 시대의 프라이버시에 관한 논의

개인정보 보호법제의 역사적 뿌리는 19세기 후반 사진 기술이 발달하면서 미국에서 나타난 '프라이버시(privacy)' 개념에 두고 있는 것으로 알려져 있다.[399] 전통적인 프라이버시권은 '협의의 프라이버시'로 사적 영역에 국한되었는데, 이 개념은 공적 영역의 감시와 규율에서 벗어나 자유를 영위하고 사적 영역을 보장받고자 하는 욕구가 커졌던 시대를 배경으로 하고 있다.[400] 이에 반하여 현대적 의미의 프라이버시권은 사생활에 침해받지 않고 공적 영역으로 활동을 넓힐 수 있도록 스스로 사적 영역을 통제할 수 있는 적극적 의미의 권리까지 포함하고 있다.[401]

한편, 빅데이터 활용의 증가에 따라 기존의 유형으로는 포섭할 수 없을 정도의 프라이버시 침해가 확대되고 있다.[402] 빅데이터 시대에 개인정보는 더 이상 단순한 내부 사생활의 일부나 비밀로만 간주하여서는 안 되므로 빅데이터 환경에서는 현대적 의미의 프라이버시권이 더욱 적합하다는 견해가 있다.[403] 이 입장은 개인정보는 개인에게 전속된 것에서 나아가 재화적 가치나 공공재적 성격을 띠는 것으로 인식할 필요가 있다고 한다.[404] 이에 따라 '정보 프라이버시(Information Privacy)'라는 개념이 등장했고 이는 개인이 정보를 통제할 수 있는 권리를 의미하며, 이 분야는 정보 규제의 법적 내용 이외에 기술적 측면도 그 연구 대상으로 하고 있다.[405] 인공지능 시대의 빅데이터 환경에서 정보 프라이버시에 관한 주요 연구를 살펴보면 다음과 같다.

(1) 불법행위에 대한 프라이버시 분류

조지 워싱턴(George Washington University Law School) 대학의 솔로브(Daniel J. Solove) 교수는 프라이버시에 대한 다각적인 이해를 제공하기 위한 새로운 분류를 제시했다.[406] 그 내용은 ① 정보 수집(information collection) ② 정보 처리(information processing) ③ 정보 유통(information dissemination) ④ 침해(invasion)의 네 가지로 정리된다.[407]

먼저 정보 수집 단계에서 유의해야 할 내용은 다양한 주체(기업, 정부, 타인 등)

가 개인으로부터 정보를 수집하고 있는데 모든 정보 수집이 유해한 것은 아니지만 이 정보 수집 자체가 유해한 활동이 될 수 있다는 것이다.[408] 그 후 데이터를 보유한 자는 데이터를 저장·결합·조작 등의 방식으로 처리한다. 이것을 '정보 처리'라고 한다.[409] 그다음 데이터 보유자가 정보를 다른 사람에게 이전하거나 정보를 공개하는데 이를 '정보 유통'이라고 한다.[410] 이렇게 데이터 수집에서 처리를 거쳐 유통에 이르게 되는 일반적인 진행은 데이터가 개인의 통제에서 점차로 벗어나서 이동하게 되는 과정이다. 마지막으로 '침입' 단계는 개인에게 직접적인 영향을 미치는데 이 경우는 정보가 개인에게서 멀어지는 대신 개인을 향해 침략이 진행되는 단계이다.[411] 솔로브 교수는 이 네 가지 분류를 다시 하위 범주로 나누어 프라이버시에 관한 위해 행동 16가지를 제시한다.[412] 이 연구는 프라이버시에 대한 각각의 범주에서 어떤 문제가 있는지, 그것이 왜 유해한지, 그리고 이에 대항하여 보호하는 것이 어떤 가치가 있는지를 논의하고 있다.[413]

(2) 맥락적 신뢰성 이론

코넬 테크(Cornell Tech, NYC)의 헬렌 니센바움(Helen Nissenbaum) 교수는 맥락적 신뢰성(contextual integrity, 이하 CI) 이론을 통해 프라이버시에 대해 맥락적으로 접근하며 네 가지 기본 논제를 제시하고 있다.[414] ① 프라이버시는 개인정보의 적절한 흐름이다. ② 적절한 흐름은 맥락적 정보 규범을 따르는 것이다. ③ 맥락적 정보 규범을 정의하는 매개 변수는 주체, 발신자와 수신자, 정보 유형, 전달 원칙이다. ④ 프라이버시 규범의 윤리적 정당성은 당사자 이익, 윤리적·정치적 가치, 맥락적 기능 등을 통해 평가한다.

먼저 논제 1에서 CI 이론은 개인정보가 사회 영역을 이끌어 가는 연료로서 중요성이 높다는 점을 인식하여 정보를 공유·수집하는 것을 사생활 침해로 보지 않는다. 여기서 프라이버시는 개인정보가 적절히 흐르는 것을 의미한다. 정보의 흐름이 발생하는 것에 중점을 두지 않고 정보의 흐름이 적절한지를 판단한다.

논제 2에서 개인정보가 적절히 흐른다는 것은 맥락적(상황적) 정보 규범에 따르는 것이라고 한다. 맥락적 정보는 의료 분야의 경우 신체검사, 혈액검사, 질병, 진단 등이 있고 교육 분야의 경우 교사, 학생, 읽기, 쓰기 등을 그 예로 들 수 있다. 맥락적 규범은 미세하거나 크게 나누어지고 조정될 수 있는데 법원과 같은 특정 상황에서는 규범에 따라 행동이 미세하게 규율된다. 맥락적(상황적) 규범을 준수하거나 적어도 위반하지 않은 한 정보 흐름이 적절하다고 판단한다. 예를 들면, 우리는 동료들의 월급에 대해서 묻지 않지만 국세청은 시민의 소득 공개를 요구한다. 후자는 정보 공유에 해당하지만 흐름이 적절하므로 프라이버시와 관련이 없다.

논제 3을 살펴보면 맥락적 정보 규범을 형성하는 주요 매개 변수는 행위자(주체, 발신자, 수신자), 특성(정보 유형), 전달 원리이다.[415] 예를 들어, 의료 분야에서 환자(발신자)는 의사(수신자)가 개인 의료 정보(정보 유형)를 기밀로 유지할 것을 기대하면서 이 정보가 필요한 전문의와 공유되는 것을 받아들인다(전달 원리). 의사가 환자 정보를 마케팅 회사에 판매했다는 것을 알면 충격을 받고 실망할 것이다. 이 경우 맥락적으로 의료 정보 규범에 위배됐다고 할 수 있다.

마지막으로 논제 4에서 프라이버시 규범의 윤리적 정당성은 ① 영향을 받는 당사자의 이익 ② 윤리적, 정치적 가치 ③ 맥락적 기능이나 목적과 가치에 의하여 평가한다.[416] CI 이론의 특징은 빠르게 진화하는 사회의 기술에 대응하기 위해 설계되었다는 것이다. 이는 많은 새로운 정보 흐름이 매우 유익하다는 점을 전제로 한다. 평가자는 새로운 정보 흐름을 거부하는 대신 CI 이론에서 제시된 접근법에 따라 변화를 파악하고 장단점을 비교 분석하게 된다.

맥락적 목적과 가치의 관점에서 보면 CI 이론은 때로 정보 주체의 이익에 부정적인 영향을 미칠 수 있다. 예를 들어 CI 이론은 전염병이 발생한 경우 개인의 이익에 반하여 다른 사람(공중보건의)과 정보를 공유할 수 있다. 이를 통해 정보를 집계하고 분석하고 위험을 정확히 파악하여 질병의 확산을 방지할 수 있다.

이와 같이 인공지능 시대의 프라이버시에 대한 논의는 정보와 그 활용에 대한 점에 중점을 두고 있다. 이 연구는 인공지능 시대의 빅데이터 환경에서 프라이버시의 추상적 문제를 여러 방면에서 구체적으로 조명하고, 프라이버시의 보호 목적에 맞는 방안을 제시한 점에서 의미가 있다고 할 것이다.[417] 요컨대 맥락적 신뢰성 이론에 의하면 개인정보가 적절하게 흐를 수 있다면 정보를 공유·수집하는 것을 사생활의 침해로 보지 않는다. 또한 정보의 유출이나 처리가 특정한 맥락에서 이루어져야 하는데 그 맥락은 목적과 가치 등을 고려해야 할 것을 주장한다. 정보 공개가 그 목적을 달성하거나 사회적 가치를 반영한다면 그 공개에 대한 가능성을 보여 준다고 할 수 있다.

2 개인정보 보호 관련법 등에 대한 논의

인공지능 활용과 개인정보 보호와 관련하여 '데이터 3법'의 개정에 대한 논의를 살펴본다. 2020년 2월 4일 '데이터 3법(「개인정보 보호법」, 「정보통신망 이용촉진 및 정보보호 등에 관한 법률, 약칭 정보통신망법)」, 「신용정보의 이용 및 보호에 관한 법률, 약칭 신용정보법」)'이 동시에 개정되었다. 그리고 2023년 3월 14일 「개인정보 보호법」의 일부 조항이 개정되었다.

개정에 대한 배경은 4차 산업혁명 시대의 핵심 자원인 데이터 활용에 대한 요구가 증대하고 있지만, 개인정보 침해에 대한 우려도 공존하고 있는 현실에 있다.[418] 이에 개인정보에 대한 보호와 활용의 조화를 이루기 위한 제도 즉, 안전하면서도 효율적인 데이터 경제의 기반을 조성하고자 했다.[419] 「개인정보 보호법」의 주요 개정 내용을 살펴보면 개인정보의 판단 기준 보완(동법 제2조), 개인정보의 엄격한 활용의 원칙 완화(동법 제15조 제3항, 제17조 제4항), 가명정보 개념의 도입(동법 제2조, 제28조의2, 제28조의3) 등을 들 수 있다.

그동안 개인정보 범위가 불명확하고 비식별조치의 기준이 모호했기 때문에 개인정보의 활용이 어려웠는데 데이터 3법의 개정으로 데이터 이용이 활성화될 것을 기대하고 있다.[420] 데이터 활용을 보다 적극적으로 시행하여 인공지능이나 빅데이터 분석 등의 기술 발전을 앞당기고, 데이터 기반 경제 발전에 기여할 것으로 예측한다.[421]

반면, 가명처리의 정도에 대한 우려의 목소리가 있다. 이 입장은 "개인정보의 일부를 삭제하거나 일부 또는 전부를 대체하는 등의 방법"(동법 제2조, 1의 2)에서 어디까지가 "개인정보의 일부"에 해당하는지 불명확하다고 주장한다.[422] 그리고 동법에는 "통계작성, 과학적 연구, 공익적 기록보존 등을 위하여 정보 주체의 동의 없이 가명 정보를 처리할 수 있다"라는 규정(동법 제28조의2)을 두고 있다. 이 규정에서 특히 "과학적 연구"라는 개념은 모호해서 지나치게 포괄적으로 해석하는 경우 가명 정보에 대해 오·남용이 심각해질 가능성이 있다는 의견도 있다.[423]

개인정보 보호 관련법은 앞으로 보완되어야 할 부분도 있지만 개인정보의 이용이 활성화될 수 있는 근거를 마련했다고 볼 수 있다.

3 판결문의 비식별화

앞에서 언급한 가명처리와 관련하여 판례의 비식별화에 대한 각국의 현황을 살펴보면, 미국의 경우 원칙적으로 모든 사건에서 관계인의 실명을 표기하고 있다.[424] 예외적으로 당사자 신청에 따라 법원이 가명으로 재판할 것으로 결정한 사건(낙태 사건, 혼인외 출생자의 사회복지 혜택에 관한 권리 등), 프라이버시 보호를 위해 판사가 소송의 공개를 공지한 사건 등은 실명을 공개하지 않고 있다. 독일은 사건의 종류와 관계없이 당사자의 실명을 표기하지 않은 것을 원칙으로 하고 현저하게 공지된 사건은 당사자의 실명을 표기한다. 프랑스는 사건 종류에 따라 선별적으로 비실명 처리하는데 명예 훼손 소송, 신분 관계 소송, 형사 소송 등을 비실명으로 처리한다.

판결문에 대해 비식별화 작업이 어려운 이유는 예산 문제라고 하는데, 단순히 당사자의 이름을 삭제하는 것이 아니라 관련 정보를 수정하는 등 상당한 시간과 비용이 요구된다고 한다.[425] 이러한 재정적인 문제는 앞서 언급한 바와 같이 판결문 생성 시부터 개인정보를 기재하지 않을 것을 고려할 수 있다.

그리고 이미 작성된 판례의 경우 비식별화 작업에 인공지능을 활용한 예가 있는데 국내에도 참고할 만하다. 오스트리아 법원은 2020년 7월 인공지능을 활용하여 판례 익명화 작업을 시행했다고 밝혔다.[426] 이에 따르면 판례의 비식별화 작업은 명확한 패턴이 있으므로 머신러닝과 딥러닝 알고리듬을 사용하기에 매우 적합하며 자국 법원에서 이를 위한 기계학습 알고리듬을 개발했다고 설명했다. 그리고 특정 정보에 대해서는 비식별화가 지나치게 진행되는 경우도 있지만, 대상 정보의 99.5%에 이르는 데이터의 비식별화가 적절한 수준으로 올바르게 진행되었다고 평가했다.

그동안 논의해 온 판례 공개와 개인정보 보호에 관한 논의는 인공지능 시대를 맞이하여 더욱 가속될 것이다. 그리고 이러한 논의를 바탕으로 인공지능을 민사소송에 도입하는 문제는 긍정적인 방향으로 나아갈 것으로 보인다. 다음은 민사소송에서 인공지능을 점진적으로 활용해 나가는 방안을 모색해 본다.

제3절 민사소송에서 인공지능의 점진적 활용방안

> 민사소송에서 인공지능을 어떻게 활용할까?

I. 재판예측과 법률 챗봇의 도입

1 재판예측의 활용

법경제학에 따르면 분쟁 당사자들이 합의에 실패하고 소송을 제기하는 까닭은 원고와 피고 사이에 소송 결과에 대한 기대치가 서로 다르기 때문이다.[427] 분쟁 문제에 관해 통계 정보를 예측할 수 있다면 당사자들 간의 기대 차이는 좁혀질 것이다.[428] 통계를 활용한 판결 예측 기술이 발전하여 더욱 높은 정확도를 보여 준다면 사건 당사자에게 유용한 정보로 활용될 수 있을 것이다.[429]

통계를 활용한 재판예측은 당사자 간의 합의에 따라 분쟁을 해결할 가능성이 커진다는 장점이 있다.[430] 2022년 사법연감에 따르면 제1심 민사본안 사건 중에서 조정·화해로 처리된 사건이 14.3%이다(2021년 민사본안 처리 건수 251,226건 중 35,832건).[431] 만약 유사한 사건에서 원고 승소 비율, 손해배상 인정액의 분포 등에 대한 통계를 알 수 있다면 당사자 간 합의에 따라 소송을 종결하는 비율이 높아질 것이다.[432] 따라서 재판예측을 활용할 경우 불필요한 소송 억제 효과를 가져올 것으로 예상할 수 있다.[433]

반면 사건의 쟁점을 계량적으로 접근하는 것에 대한 회의론도 있다.[434] 소송에 대한 판결은 다양하고 무수히 많은 개별 사건의 구체적인 사실이나 위법성에 따라 결과가 달라지는데, 계량적 접근은 이러한 점을 고려하지 않을 수 있다는 것이다.[435] 또한 법관의 '법적 추론' 과정을 판결에 활용하는데 제약이 될 수 있다고 주장한다.[436]

이에 대해 법학이라는 것은 인간의 분쟁을 다루는 사회과학의 한 분야이고 법률문제의 상당한 부분은 경제문제와 연결이 된다고 하며[437] 이런 점을 고려할 때 법률문제에 대한 일정한 유형이나 효과 등에 대하여 첨단 과학 분야인 인공지능을 활용하여 파악하는 것이 필요하다고 하는 입장이 있다.[438] 그리고 실증적인 입장에서 계량적 분석 방법을 이용하여 분쟁 해결을 시도하는 경우, 종래의 개념법학이나 해석 법학에 머무르지 않고 해결 방법에 있어서 새로운 통찰을 얻을 수 있다고 한다.[439]

생각건대, 신기술의 장점을 활용한 분석은 분쟁 해결에 새로운 방법을 제시할 수 있으며, 재판에서 통계가 필요한 부분에 적절하게 활용이 가능할 것이다. 구체적인 사정을 살피는 부분은 법관의 관여가 필요할 것으로 보이며 사법 접근성을 높이는 방안으로 재판예측은 유용할 것으로 보인다.

2 법률 챗봇의 도입

(1) 사법 접근성과 법률 챗봇

챗봇은 사법 분야에서 인공지능을 도입할 때 주목받고 있는 시스템이다. 사법 분야에서 챗봇 도입에 관한 논의는 다음과 같다. 먼저 영국의 뉴캐슬 로스쿨(University of Newcastle Law School) 투헤이 리사(Toohey, Lisa) 교수 연구팀은 인공지능 기술이 사법 접근성을 높일 수 있는 점을 제시한다.[440] 그리고 법률상담의 대표적인 챗봇 서비스인 두낫페이를 예로 들면서 불공정 가격 관행, 데이터 및 개인정보 보호법 위반, 불공정 은행 수수료 부과 등 다양한 기업과 국가의 위반 행위에 맞서서 개인의 권리를 보호하는 것을 목표로 한다고 언급한다.[441] 이 앱이 미국 전역에서 법률자문을 제공하고 있다고 설명한다.[442]

캐나다 몬트리올에 위치한 퀘벡 대학교(Université du Québec à Montréal) 마크 퀘도(Marc Queudot) 교수팀은 법률상담과 소송을 수행하는 데 드는 비용이 크기 때문에 챗봇을 이용하면 사법 접근성을 용이하게 할 수 있다고 주장한다.[443] 이 논문은 이민을 돕기 위한 챗봇과 캐나다 국립은행(National Bank of Canada, NBC) 직원을 위한 챗봇을 소개한다.[444]

독일 뮌헨 공과 대학(Technical University of Munich)의 크리스천 제팔(Christian Djeffal) 교수는 인공지능의 개발을 '지속 가능한 발전(sustainable development, SD)'과 연결했다.[445] 인공지능의 연구·개발에 있어 '인공지능의 지속 가능한 발전(sustainable AI development, SAID)'을 지침으로 삼아야 할 것을 주장한다.[446] 지속 가능한 발전이라는 렌즈를 통해야 인공지능 연구·개발의 과정을 이해하고 안내할 수 있는 막대한 잠재력을 가질 수 있다고 설명한다.[447] 이러한 목표를 달성하여 사법 접근성을 높인 성공적인 예로 두낫페이를 들었다.[448] 현재 이 챗봇은 1,000개의 기능까지 확장했다.[449] 그 예를 보면 다음과 같다.[450]

○ 2만 5천 달러까지 소액재판법원에서 변호사 없이 소송 제기
○ 불공정한 은행, 신용카드사 관련한 소송
○ 주차권 소송
○ 집단 소송 합의금 청구
○ 관광비자 연장
○ 페이스북·트위터·인스타그램에서 개인정보 보호 및 모든 데이터 침해에 대한 소송

요컨대, 챗봇에 관한 논의는 주로 사법 접근성을 높이는 방안에 중점을 두고 있는 것으로 보인다.[451] 그리고 법률 챗봇 서비스인 두낫페이가 연구의 사례로 다수 언급되고 있다.

(2) 개인정보 보호와 법률 챗봇

법률 챗봇 도입에 관한 국내의 연구는 개인정보 보호에 중점을 두고 있는 것으로 보인다. 먼저 정보의 수집 및 이용과 관련해 「개인정보 보호법」에 따르면 정보 주체의 동의를 받은 경우에 개인정보를 수집할 수 있고, 그 수집 목적의 범위에서 이용할 수 있다(동법 제15조 제1항 제1호). 챗봇의 경우 화면의 개인정보처리 동의란에 표시함으로써 수집과 이용에 대한 동의가 이루어질 수 있으며, 그 밖에 개인의 정보처리를 수락하는 정보 주체의 언동이 그 의미로 해석이 된다면 동의

라고 할 수 있을 것이다.[452]

챗봇을 운영하는 경우 이러한 보호 규정을 어떻게 적용해야 할 것인가에 대한 논의가 있다. 먼저 유럽연합의 경우는 「일반정보보호 규정(General Data Protection Regulation, 이하 GDPR)」을 제정하여 개인 데이터를 일률적으로 규제하려고 하는데, 이에 대해 많은 핵심 조항들이 모호하거나 정의되지 않는다는 비판이 있다.[453] GDPR은 구글이나 페이스북과 같은 대기업뿐 아니라 소규모의 스타트업에 타격을 입힐 만큼 인공지능 분야에서는 걸림돌이 된다는 평가도 받고 있다.[454]

반면, 챗봇의 경우 정보를 수집하고 처리하는 데 일반 알고리듬과 다른 특성을 들어 챗봇은 반드시 개인정보 보호에 관한 규정 모두를 준수할 필요가 없다는 입장이 있다.[455] 이에 따르면 챗봇은 일회성 질문 응답형, 연속 대화형, 검색모델형, 생성모델형 등으로 나뉘는데, 일회성 질의 응답형이나 검색 기능을 제공하는 경우 개인정보 수집이 필요하지 않으며, 연속 대화형의 경우 「개인정보 보호법」이나 「GDPR 규정」을 준수해야 한다고 주장한다.[456] 생성모델 챗봇의 경우는 이를 구현하려면 막대한 학습 데이터가 필요[457]하므로 역시 개인정보 보호에 관한 규정의 준수가 필요하다고 한다.

II. 인공지능을 활용한 대체적 분쟁 해결

인공지능을 활용한 대체적 분쟁 해결 방법(ADR system utilizing AI, 이하 AIDR)[458]과 관련해 ADR과 AIDR을 어떻게 규제할 것인가에 대하여 지속적인 논의가 있다.[459] 기존의 ADR 시스템에서 인공지능 기술을 적용하는 경우 규칙 기반 또는 전문가 시스템이 적용되기 때문에 개발자는 주어진 분쟁과 관련된 잠재된 모든 입력값과 출력값을 예상하여 수동으로 코딩을 했다.[460] 하지만 이후 AIDR 시스템으로 크게 발전했으며 이 시스템은 코로나 19 대유행 이후 수요가 증가하고 있다.[461]

앞으로 인공지능 기술의 향상에 따라 AIDR 도입이 확대될 것이라는 전망이 있다.[462] 이에 따르면 기존의 ADR 시스템은 더욱 발전된 인공지능과 통합해야 하는 경쟁적인 압박에 직면할 것이며 어느 시점에서 모든 ADR이 AIDR로 전환될 가능성이 크다고 예상한다.[463]

III. 민사소송 단계별 인공지능의 활용

1 분쟁 해결을 위한 인공지능 시스템

민사소송에서 활용되는 다양한 인공지능 시스템에 대해서 살펴보면 먼저 법적 의사결정 지원 시스템은 유용한 정보를 수집하고 의사결정 프로세스에 관한 지원을 제공한다.[464] 비교적 최근에 활용하기 시작했기 때문에 현재 고성능으로 구현되는 시스템 단계는 아니다.

지금까지의 시스템은 대부분 규칙 기반 시스템을 바탕으로 개발한 것이라고 볼 수 있다. 그 이유는 규칙 기반 시스템은 일반적으로 이해하고 구현하기가 쉽고 특히 법적 지식은 규칙을 사용하여 모델링하기가 적합하다는 점에 있다. 이러한 규칙은 'IF 조건 THEN 결론'의 명령으로 구조가 유지되고 있다. 현재 국내 사법 분야에서 인공지능 시스템을 도입할 경우도 이러한 수준에서 실행이 가능할 것으로 보인다.

그 외에 정보에 더욱 빠르고 직관적이며 효과적인 접근이 가능한 지능형 인터페이스, 법률 분야와 유사한 추론 과정이 가능한 사례 기반 추론 등의 다양한 기술과 시스템이 분쟁 해결을 위해 활용될 것으로 예상한다. 분쟁 해결을 위한 인공지능 시스템과 그 특징을 살펴보면 다음과 같다.

기술	주요 특징
의사결정 지원 시스템 (DSS: Decision Support System)	○ 유용한 정보의 수집과 제공 ○ 의사결정 프로세스에 대한 지원 제공 ○ 사실 분석을 바탕으로 조치 제안
전문가 시스템 (ES: Expert Systems)	○ 인간 지식과 추론 메커니즘 모델링 ○ 인간 전문가와 유사한 추론 ○ 추론 엔진에 지식을 적용하여 '단순' 작업의 자동화
지식 기반 시스템 (KBS: Knowledge-Based Systems)	○ 복잡한 지식의 모델링 ○ 불확실성에서 규칙과 판단 제시
지능형 인터페이스 (II: Intelligent Interfaces)	○ 복합 시스템을 위한 추상화 계층 구축 ○ 정보에 보다 빠르고 직관적이며 효과적인 접근
사례 기반 추론 (CBR: Case-Based Reasoning)	○ 법률 분야와 유사한 추론 과정 ○ 상황에 적합한 정보 검색 ○ 의미 있는 속성에 따른 정보의 구성
다중 에이전트 시스템 (MAS: Multi-agent Systems)	○ 분산 문제 해결 ○ 협상 프로토콜 구현 ○ 논증 지원
법적 온톨리지 (Ontologies: Legal Ontologies)	○ 법률 지식의 표현 ○ 추론 ○ 패턴 추출
규칙 기반 시스템 (RbS: Rule-Based Systems)	○ 인간 전문가의 지식, 전문성, 프로세스의 인코딩 ○ 규칙을 사용하여 해석하고 추론하는 매우 단순한 방법
진화 연산 (EvoComp: Evolutionary Computation)	○ 복잡한 블랙 박스 문제에 대한 해결 탐색 ○ 다른 법적 영역에 대한 광범위한 적용 가능성

출처: Davide Carneiro, 2014

2 소 제기 전

소 제기 전 단계에서 지능형 소송 챗봇을 활용할 수 있는데 분쟁 사건에 관해 조정 가능성을 예측하고, 조정 제도를 이용할 수 있도록 안내한다. 조정에 참여하도록 돕는다면 인공지능의 재판예측이 조기 분쟁 해결에 많은 기여를 할 수 있을 것이다. 또한 당사자에게 재판예측을 통해 승소할 수 있는지를 진단해 줄 수 있다. 앞에서 언급한 바와 같이 싱가포르 법원 등이 개발한 온라인 교통사고 손해배상 시스템은 과실 비율과 보상액에 관한 예측값을 미리 보여 준다.

3 소 제기와 소송 진행

(1) 절차 안내와 진행 챗봇

소가 제기되어 소송 절차가 진행되는 과정에서는 단계별로 소송 챗봇을 활용할 수 있을 것이다. 법률 챗봇은 문답형식을 통해 소장을 작성하고, 관할 법원이나 소송 비용 등을 안내하며 단계별로 소송에 필요한 정보에 대해 응대한다. 또한 인공지능이 소송 서류에 대한 보정 권고를 하여 법원의 보정명령을 사전에 지원한다. 필요에 따라 법관이 전체 재판의 공정성을 지속해서 감시할 수 있다.[465]

(2) 소송 진행

소가 제기되면 법원은 당사자의 변론으로부터 취득하는 소송 자료와 증거조사로부터 얻는 증거자료를 검토해야 하는데, 인공지능을 활용하기 위해서는 문자와 음성을 컴퓨터가 인식할 수 있도록 각종 자료를 디지털화하는 작업이 필요할 것이다.[466] 법정 내에서 이루어진 분쟁 당사자의 진술, 증인의 증언에 대해서 인식 가능한 문자열로 변환하는 작업이 구축되어야 제대로 된 데이터를 확보할 수 있기 때문이다.[467] 최근 딥러닝 기술의 발전으로 이 문제를 해결할 수 있는 음성인식이나 패턴 인식과 관련된 알고리듬에 상당한 진전이 이루어지고 있다.[468]

또한, 인공지능을 재판의 자료가 되는 전문가 의견서를 평가하는 데 사용할 수 있다.[469] 인공지능을 활용하면 의견서가 관련된 방대한 문헌 자료와 비교하여 신뢰할 만한지, 명확한 과학적 방법에 근거한 것인지에 관하여 비교적 쉽게 평가할 수 있을 것이다.[470] 그 밖에 인공지능의 조력과 법관의 석명권 행사 등을 통해 1심에서 확보 가능한 자료를 제출하도록 하면 1심 위주의 집중 심리가 가능할 것으로 보인다. 분쟁 당사자가 인공지능의 도움으로 소송 서류를 미리 보정할 수 있게 되고 쟁점 정리 등 변론의 준비를 충실히 하여 제1심 변론의 집중을 꾀할 수 있을 것이다. 나아가 소송 자료를 소송의 정도에 따라 적절한 시기에 제출해야 하는 적시제출주의(「민사소송법」 제146조) 실현에도 인공지능이 조력할 것으로 보인다.

4 소송 종료

소송 종료 후 인공지능이 판결문 작성에 조력할 수 있는데 인공지능은 초안을 작성하고 법관이 최종 판결문을 작성할 수 있다. 그리고 판결문을 사건의 종류에 따라 분류하는 인공지능 모델을 활용할 수 있다.[471] 최근 싱가포르에서는 대법원 판결문을 분류하는 연구를 진행하고 있는데, 6,227건의 싱가포르 대법원판결을 다양한 기계학습의 방법을 이용하여 분류한 바 있다.[472]

5 재판에 대한 불복 신청

이 단계에서 재판예측 프로그램이 분쟁 당사자에게 항소, 상고 등의 승소 가능성을 예측하며 불복 절차에 대한 정보를 제공한다. 그리고 인공지능이 항소장이나 상고장을 작성할 수 있다.

또한 인공지능을 소송 사건에 대한 자료 조사, 심리, 판결문 작성 등에 광범위하게 활용할 수 있다. 일례로 단순한 검색 엔진이 아닌 검색어와 더욱 밀접한 관련이 있는 정보를 보여 주는 엔진, 자연어 처리 기술을 활용하여 질문의 의미를 분석하고 그 결과를 제시해 주는 시스템,[473] 판결문에서 중요 정보를 추출하는 판결문 요약 기술[474] 등을 활용할 수 있다. 사법 접근성 향상을 위해 인공지능을 활용한 시스템을 구축하는 것은 재판 효율성이 높아진다는 측면에서 인공지능이 분쟁 당사자뿐 아니라 변호사와 판사에게도 높은 활용 가치가 있을 것이다.

한편, 인공지능의 조력을 넘어 인공지능을 법관으로 활용하는 경우 심급제는 어떻게 운영될 것인가? 이에 대해 다수의 항소심은 새로운 증거를 제출하기 위해서가 아니라 동일 사건을 다른 법관에게 판단 받기 위해 이루어지는데, 동일한 기계학습 알고리듬을 사용한 인공지능 법관은 어차피 같은 입력값이면 결론

도 같을 수밖에 없으므로 심급제 유지에 대해 재고해야 한다는 견해가 있다.[475]

반면 인공지능의 편향성 등으로 판단에 오류가 있을 수 있으므로 상소 제도는 필요하다고 주장하면서 그 방법론에 대해서는 의문을 제기하는 견해가 있다.[476] 이 견해를 이해하기 위해 먼저 각 심급의 기능을 살펴보면 1심에서는 사건의 기본적 쟁점을 검토하고 2심에서는 1심의 명백한 오류를 교정하며 3심에서는 분쟁 당사자의 이해관계를 넘어 국가기능과 사회질서를 조정하게 되는 역할을 하는데 상급심으로 올라갈수록 재판은 공익적 특징이 강해진다.[477]

따라서 인공지능은 복잡한 사실관계를 확정하는 사실심을 수행하는 것이 적정하지 않으며, 법률심의 성격을 가지고 있는 상고심은 원심판결에 법령의 위반이 있는지 아닌지만 심사하므로[478] 인공지능이 담당하기에 수월할 여지가 있다고 한다.[479] 하지만 여기서 더 나아가 상고심의 주요 목적인 법령해석 통일이라는 정책 형성 기능까지 고려한다면, 인공지능에 이를 기대하기 어려우므로 결국 인공지능이 사실심과 법률심에 관여하는 것이 문제가 있다고 한다.[480] 다만, 기술적으로 구현할 수 있다면 인공지능은 사실심에 활용할 수 있을 것이며, 재판 결과를 지속해서 알고리듬에 반영할 것을 제안한다.[481]

생각건대, 인공지능 법관도 판단에 오류가 있는 만큼 여전히 상소 제도가 필요할 것이며 기술적 발전에 따라 사실심에서 활용할 수 있을 것이다.

소송 단계	기능
법적 분쟁 전	○ 계약 분석, 계약서의 작성과 보관, 계약 이행에 관한 점검
소 제기 전	○ 대체적 분쟁 해결에 조력 ○ 조정 가능성 예측 ○ 온라인이나 자동화된 법률자문 제공 ○ 변호사를 선임하지 않은 당사자 지원 ○ 변호사와 의뢰인을 연결
소 제기 전, 소송계속 중	○ 재판예측 ○ 판례, 법령 등 관련 자료 검색 ○ 소장, 답변서, 준비서면 등 법률 문서를 작성 ○ 법률 챗봇의 단계별 소송에 필요한 정보 응대 ○ 소송 자료 인식 ○ 사건의 난이도 평가 ○ 절차 진행에 소요되는 비용과 시간의 예측을 통해 소송 전략과 최종 해결 방안 지원 ○ 서류 분석, 준비서면·전문가 의견서 평가 ○ 재판에 대한 분석작업 ○ 소송수행 상황 정리
소송 종료	○ 판결문 작성 조력 ○ 주요 사건 사실관계와 서류 정리 ○ 판결문 분류 ○ 기타 관리 작업 지원
불복 신청	○ 항소나 상고 승소 가능성 예측 ○ 항소장, 상고장 작성

출처: KICJ, 2022, 수정·보완[482]

제4절 인공지능 법관의 도입 문제

> 인공지능 법관에게 재판을 받을 것인가?

I. 인공지능 법관 도입에 관한 논의

1 도입에 관한 찬반론

인공지능을 기존의 분쟁 해결 절차에 도입한다는 것은 새로운 사법 제도를 구축하는 과제이다. 앞에서 소개한 재판예측이나 법률 챗봇과 같은 인공지능 기술의 도입뿐 아니라 나아가 인공지능 법관[483] 등장에 대하여 사회적으로 관심이 높아지고 있다. 사법 분야에서 인공지능 도입을 우려하는 입장은 법률 실무를 수행하기 위해서는 고차원의 인지가 필요한데 현재 인공지능은 유추하거나 법적 추론에 참여할 수 없다는 견해,[484] 판결은 판사의 경험과 가치관의 영향을 받을 수밖에 없는[485] 가변적 성격으로 보고 인공지능 법관에게는 이러한 판결이 불가능하다는 견해[486] 등이 있다.

반면 사법 분야에 인공지능 도입을 찬성하는 입장은 현재 인공지능이 기술적으로 인간 수준의 추론과 일치할 수는 없더라도 여전히 영향을 미칠 수 있고 언어 번역 등 사법 체계 외의 분야에서 이미 성공적으로 활용되고 있으므로 인공지능이 법률 분야에서도 의미가 있다는 견해,[487] 인공지능에 의한 분쟁 해결이 가능한 범주를 정해서 신속성과 경제성이 요구되는 소액사건의 경우 도입하는 것이 적합하다는 견해[488] 등이 있다.

아래에서는 인공지능 법관 도입에 관한 찬반론의 입장을 국내 일반인, 법조인, 인공지능기술 전문가 등의 설문 조사 결과를 통해 검토해 본다. 또한 해외에서 진행하고 있는 자동화된 의사결정에 대한 인식, 인공지능과 인간이 재판을 주도할 때의 절차의 공정성에 대한 인식 등의 연구를 소개한다.

2 도입에 관한 인식

최근 한 여론조사기관이 자체 패널 성인을 대상으로 인공지능 법관 도입에 관한 인식에 대해 여론조사를 시행한 바 있다.[489] 먼저 재판 결과가 납득이 안 된 경험에 대하여 95.2%의 응답자가 '그렇다'라고 대답했다. 그리고 인공지능 법관 도입에 대해 응답자의 69%가 찬성했으며 그 이유에 대해 공정한 판결 가능성(58.7%)이라는 응답이 가장 높은 비중을 차지했다. 그다음은 '전관예우 등 법조계의 문제가 없을 것 같다'(24.2%), '오판의 비율이 낮을 것 같다'(15.7%), '판결이 빠르다'(1%)라는 순으로 그 이유를 꼽았다.

반면 인공지능 법관 도입 반대 이유에 대해서는 '범죄에 따라 인격적으로 판결해야 할 사건이 있다'(55.1%)라는 의견이 가장 높았다. 그리고 '해커 등으로 인한 재판 조작 가능성이 있다'(20.2%), '학습 데이터에 한계가 있다'(15.2%), '인공지능도 결국 인간이 관리하므로 인간이 더 잘 수행할 것 같다'(7.6%)라는 응답이 그 뒤를 이었다.

나아가 인공지능 법관이 필요하다고 생각하는 사건 유형에 대해서는 민사사건(30.3%)이라는 응답이 가장 많았다. 그다음은 형사사건(29.8%), 행정소송(24.2%), 가사소송(13.3%)이 그 뒤를 이었다. 마지막으로 재판받을 때 희망하는 판사를 선택하는 질문에는 인공지능 판사(54.2%)가 인간 판사(45.8%)보다 높았다.

▶ 표 24 인간 법관과 인공지능 법관에 관한 설문 결과 ────────────

설문내용	응답	비율(%)
재판 결과가 납득이 안 된 경험	있다	95.2
	없다	4.8
인공지능 법관 도입	찬성	69
	반대	31
인공지능 법관 도입 찬성 이유	공정한 판결 가능성	58.7
	전관예우 등 법조계의 문제가 없을 것 같음	24.2
	오판 비율 낮을 것 같음	15.7
	빠른 판결	1
인공지능 법관 도입 반대 이유	범죄에 따라 인격적으로 판결해야 할 사건이 있음	55.1
	해커 등으로 인한 재판 조작 가능성	20.2
	학습 데이터로 인한 한계	15.2
	인공지능도 결국 인간이 관리하므로 인간이 더 잘 수행할 것 같음	7.6
인공지능 법관이 필요하다고 생각하는 사건 유형	민사사건	30.3
	형사사건	29.8
	행정소송	24.2
	가사소송	13.3
재판받을 때 희망하는 법관	인간 법관	45.8
	인공지능 법관	54.2

출처: 리얼리서치코리아, 2023 요약 정리

3 업무 대체 가능성과 정도 등에 대한 인식

또 다른 설문 조사는 법조인과 인공지능기술 전문가 등을 대상으로 인공지능 법관의 도입에 관해 실시했는데 그 주요 내용은 다음과 같다.[490]

(1) 인공지능 법관의 업무 대체 가능성

인공지능 기술의 발달에 따라 인공지능 법관이 인간 법관의 업무를 전부 또는 일부라도 대체할 수 있다고 전망하는지에 대한 질문에 '대체 가능하다'라는 의견이 전체 응답자의 85%를 차지했다. 여기서 법관의 88.5%가 '자신의 업무가 일부라도 대체 가능하다'라고 답변했는데 이 응답의 비율은 다른 집단보다 더 높았다(인공지능기술 전문가 87.5%, 미래전략 전문가 80%).

(2) 인공지능 법관의 업무 대체 시기

인공지능이 인간 법관의 업무를 대체할 수 있다면 그 시점을 언제로 전망하는지에 대해 전체 응답자의 85%가 '25년 이내'라고 하여 설문 조사의 선택 항목 중 가장 빠른 시간을 선택했다. '50년 이내'라는 응답은 14%로 이 두 항을 합하면 응답자의 99%가 50년 이내에 인공지능에 의해 법관이 대체 가능하다고 응답했다.

(3) 인공지능 법관의 업무 대체 범위

인공지능이 기존의 인간 법관의 업무를 대체할 수 있다면 어느 정도로 대체할 것인지에 대해, '인공지능 법관과 인간 법관이 병존할 것'이라는 응답과 '인공지능이 인간 법관의 보조수단으로 남을 것'이라는 응답 비율이 모두 높은 수치로 같았다(각각 48.6%). 이 질문에서 법관들과 다른 전문가들의 의견이 다르게 나타났는데 법관의 다수는 인공지능이 보조수단으로 남을 것이라고 응답한 반면 다른 전문가들의 다수는 인공지능과 인간 법관이 병존할 것이라고 응답했다.

(4) 인공지능 법관 도입의 장점

인공지능 법관의 장점에 대해서는 신속한 재판(24%), 공정한 재판(23%), 편향성 제거(22%)라는 응답이 주요 내용을 차지했다. 그리고 예측 가능한 재판(20%), 인간 법관의 감소로 인한 국가 예산 절감(11%)이라는 응답이 그 뒤를 이었다.

(5) 인공지능 법관 도입의 문제점

인공지능 법관 도입의 문제점에 관하여는 알고리듬의 불투명성과 편향성 우려(23%)라는 응답이 가장 높았다. 다음으로는 선례 없는 사건 처리의 어려움 (20%), 오작동이나 해킹 등으로 인한 부당한 결론(20%)이라는 응답이 그 뒤를 이었다. 그리고 시대 변화에 따른 판례 변경의 어려움(19%), 개인의 구체적 상황을 간과할 것이라는 불안(18%)이라는 응답이 이어졌다.

이 설문 조사 내용을 요약하면 법관, 인공지능 전문가, 미래전략 전문가 등의 전문가 집단은 인공지능은 인간 법관의 업무 대체가 가능하며 그 시기는 앞으로 25년 정도로 보고 있다. 인공지능 법관으로 업무가 대체된다면 그 정도는 인간 법관과 병존하거나 보조수단이 될 것으로 예측하다. 또한 인공지능 법관의 장점으로는 신속하고 공정한 재판을 꼽았고 단점으로는 알고리듬의 불투명성과 편향성 우려를 들고 있다.

▶ **표 25** 인공지능 법관의 도입 등에 관한 설문 결과

질의 내용	응답 내용	비율
인공지능 법관이 인간 법관 업무의 대체 가능성	긍정	85%
업무 대체 시기	25년 이내	85%
	50년 이내	14%
업무 대체 정도	병존	48.6%
	보조수단	48.6%
인공지능 법관의 장점	신속한 재판	24%
	공정한 재판	23%
	편향성 제거	22%
인공지능 법관의 문제점	알고리듬의 불투명성과 편향성 우려	23%
	선례 없는 사건 처리의 어려움	20%
	오작동이나 해킹 등으로 인한 부당한 결론	20%

출처: 오세용, 2022 요약 정리

국내의 인공지능 법관 도입 등에 관한 인식에 관련된 두 설문 조사 내용을 종합하면 응답자 다수는 인공지능 법관 등장을 예측하며, 도입에 찬성하고 있다. 소송에서 인공지능 법관을 선택하겠다는 응답도 인간 법관을 선택하겠다는 응답을 다소 앞서고 있다. 이러한 현상은 이미 사회 전반에 걸쳐 존재하는 인공지능에 대한 기대가 사법 분야에도 영향을 주고 있음을 보여 준다. 반면, 두 조사에서 밝힌 인공지능 법관 도입의 문제점은 먼저 인공지능 기술 자체에 대한 불안과 인공지능 법관의 운영에 대한 불신으로 볼 수 있다.

그리고 이 설문 조사에서 사용한 인공지능 법관이라는 개념에는 약한 인공지능과 강한 인공지능이 포함된 복합적 의미가 있다고 볼 수 있다. 설문 응답에서 제시한 학습 데이터로 인한 한계 문제를 극복하는 점은 이 논문의 판례 공개 문제 부분과 관련이 있는데 판례 공개를 통한 유용한 학습 데이터를 확보함으로 이 문제를 극복할 수 있을 것이다.

또한 알고리듬의 불투명성과 편향성 우려, 개인의 구체적 상황을 간과할 것이라는 불안, 인격적으로 판결해야 할 사건의 존재에 관한 문제에 대해서는 알고리듬 통제에 관한 정책과 심급제에 대한 논의 등과 연결하여 생각할 수 있다. 알고리듬의 투명성과 공정성을 보장하기 위한 지침을 마련해야 하며 법관의 통제 하에 인공지능의 활용을 검토해야 할 것이다.

4 자동화된 의사결정에 대한 인식

암스테르담대학교 커뮤니케이션 연구소(Amsterdam School of Communication Research)의 테오 아라우조(Theo Araujo) 교수팀은[491] 자동화된 의사결정(automated decision-making, 이하 ADM)에 대한 대중의 인식을 조사했다. 응답자들은 자동화된 의사결정과 관련해 사법 분야, 미디어 분야 등 사회 각 분야에서 유용성, 공정성, 위험성을 평가했다.

이 연구에 따르면 자동화된 의사결정에 대한 인식이 일반적으로 긍정적인 것으로 나타났다. 영향력이 높은 결정과 관련하여 모든 영역에서 인간 전문 결정자는 ADM이 결정을 내릴 때보다 더 부정적인 점수를 받았다. 사법 분야를 살펴보면 공정성, 유용성에서 ADM이 높은 점수를 받았고, 위험성에 대해서도 ADM

에 의한 결정이 인간 전문가의 결정과 비교할 때 더 낮은 위험 수준으로 인식되었다.

영향력이 낮은 결정은 모든 분야에서 공정성, 유용성, 위험에 대해 인간 전문가와 ADM 사이에 거의 차이가 없었다. 다만 사법 분야에서 인간 전문가 결정자가 인공지능보다 유용성에서 더 높은 점수를 받았으나 평가 점수가 크게 차이가 나지 않는다.

5 절차의 공정성에 대한 인식

홍콩대학교 벤자민 민하오 첸(Benjamin Minhao Chen) 교수팀은 2020년 9월 미국인 1,710명을 대상으로 인공지능과 인간이 재판을 주도할 때 각각 절차가 얼마나 공정하다고 느끼는지에 대한 실험을 했다.[492] 이 실험 결과는 인간 법관이 진행하는 절차가 인공지능이 진행하는 절차보다 공정한 것으로 나타났다. 그리고 심문(hearing)을 진행하여 분쟁 당사자가 자신의 입장을 표명할 기회가 있는 경우와 판결에 대한 내용이 해석 가능한 경우 참가자들은 법적 결정이 절차적으로 공정하다고 평가했다.

이 실험에서는 인공지능이 주도하는 재판은 심문과 결정의 해석 가능성이라는 요소를 첨가해도 인간이 주도하는 재판에 비해 절차의 공정성이 높아지지 않았다. '인간 판사, 심문, 해석 가능성'에 모두 해당하는 것이 절차적 정의를 가장 잘 실현하는 것으로 나왔으며 '인공지능 판사, 심문 기회 없음, 해석 불가능'에 해당하는 것이 가장 낮은 점수를 받았다.

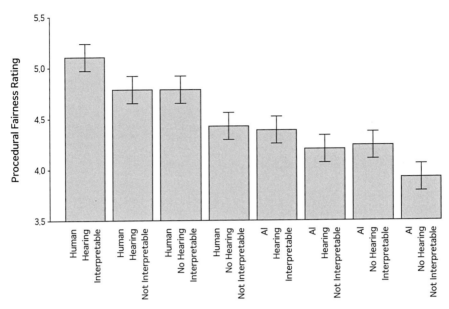

출처: Benjamin Minhao Chen, Alexander Stremitzer, Kevin Tobia, 2022

그러나 참가자들은 인공지능 판사 앞에서 심문 기회를 가지는 것을 무의미하다고 보지 않았다. 말하고 들을 기회를 가지는 것은 인간과 인공지능 판사가 판단하는 과정에서 의미가 있으며, 절차의 공정성을 높이는 것으로 인식하였다.

이 실험에 따르면 인간과 인공지능 판사의 공정성 격차는 심문 기회와 해석 가능한 결정이라는 요소로 좁혀질 수 있다. 이 보고서는 인간 판사의 사법 결정이라고 해서 언제나 해석 가능한 것이 아니고 심문의 기회가 있는 것은 아니라고 한다. 이러한 요소 없이 진행되는 인간 판사의 절차가 오히려 심문 기회가 주어지고 해석 가능한 결정을 내리는 인공지능 판사의 절차보다 공정하지 않을 수 있다고 설명한다. 따라서 인공지능 판사의 해석 가능성을 높이거나 인공지능 앞에서 심문의 기회를 얻게 되면 소송 비용이 더 적게 들고 소송 실행 가능성을 높일 수 있다고 분석한다.

이 보고서에 따르면 참가자들은 기본적으로 인공지능 법관보다 인간 법관에 대한 신뢰를 보인다. 하지만 신뢰할 수 있을 만한 요소가 마련된다면 인공지능 법관을 도입하는 데 어느 정도 긍정적인 태도를 보인다는 점도 시사해 주고 있다.

6 사법 의사결정 단계에 대한 인식

리투아니아 빌뉴스대학교(Vilnius University) 도빌레 바리세(Dovilė Barysė) 교수와 독일 함부르크대학교(University of Hamburg) 로이 사렐(Roee Sarel) 교수는 사법 의사결정 단계에서 인공지능 활용에 대한 인식과 관련해 설문 조사를 한 바 있다.[493]

설문의 내용은 법원에서 알고리듬을 사용하기에 적절한 단계를 고르는 것이었는데, 참가자들은 ① 정보 수집 ② 정보 분석 ③ 의사결정 선택 ④ 의사 구현 중에서 그 단계를 선택했다.[494] 결과를 보면 첫 번째 단계인 정보 수집 단계에서 자동화가 될 때 공정성이 높다고 인식하는 것으로 나타났다. 이러한 인식은 직업별(법조계와 비법조계), 소송 경험 여부, 나이(40대 이전과 이후), 성별로 분류하여 조사했을 때 모두 같은 결과를 보여 주었다.

일반적으로 사람들은 정보 분석보다는 정보 습득에 대해 알고리듬을 신뢰하고 있다는 것을 알 수 있다. 보고서는 온라인 검색은 일상적으로 익숙한 행동이며 검색 엔진은 시간이 지남에 따라 개선될 가능성이 있다고 생각하기 때문에, 설문 참가자들이 정보 수집 단계에서 알고리듬의 결정이 이뤄지는 것에 대해 신뢰하고 있는 것으로 분석하고 있다. 한편, 인간 판사들이 먼저 의견을 결정하고 그에 맞는 정보만을 수집할 수가 있는데 이러한 편향을 예상하는 개인들은 알고리듬에 정보 수집을 맡기는 것을 선호한다고 설명한다.

지금까지 살펴본 자동화된 의사결정, 절차의 공정성 등에 관한 인식에 관련된 연구는 일반적인 의견을 수집한 설문 조사보다는 시나리오 제시 등을 통해 보다 정밀하게 설계해 수행했다고 볼 수 있다. 이 연구에서도 인공지능 법관의 개념은 약한 인공지능과 강한 인공지능을 포함한 복합적 의미를 지닌다.

먼저 자동화된 의사결정에 대한 인식의 연구는 인공지능 법관이 인간 법관과 비교하여 인간 법관과 동등하게 혹은 그 이상으로 평가하고 있다는 점을 보여 준다. 절차의 공정성에 대한 인식 연구는 기본적으로 인간 법관에 대한 신뢰도가 인공지능 법관에 비해 높다는 견해를 제시한다. 그리고 사법 의사결정 단계에 대한 인식 연구는 인공지능 법관이 도입된다고 해도 정보 수집 단계로 제한하는 것이 적당하다는 입장이다.

이러한 연구는 사람들이 인공지능을 사법절차에 도입하는 문제에 있어서 한편으로는 기대하고 있지만 다른 한편으로 보수적인 성향을 띠고 있다는 점을 시사해 준다. 설문 조사와 연구는 참여자가 실제 인공지능을 활용한 경험이 없이 단지 의견을 제시하는 데 그칠 뿐이라는 한계가 있다. 하지만 인공지능을 사법에 도입하는 것에 대한 인식을 파악하고 대책을 세우는데 그 의미가 있다고 할 것이다.

인공지능 법관을 찬성하는 입장에 따라 만약 인공지능을 사법 제도에 도입한다면 기존 법체계와 어떤 문제가 있는지에 대해 검토할 필요가 있다. 먼저「헌법」규정과 관련하여 논의해야 할 것이다.

II. 인공지능 법관 도입에 따른 규범적 문제

1 헌법과 법률이 정한 법관

(1) 문제 제기

「헌법」제27조 제1항은 "모든 국민은 헌법과 법률이 정한 법관에 의하여 법률에 의한 재판을 받을 권리를 가진다"라고 재판청구권에 대해 규정하고 있다. 그리고「헌법」제101조 제3항에는 "법관의 자격은 법률로 정한다"라고 규정하고 있는데, 만약 인공지능에 법관의 자격을 법률로 부여한다면 인공지능이 재판하는 것이 가능한가가 문제가 된다.[495]

이에 대하여 재판청구권을 인정하는「헌법」제27조가 "헌법과 법률이 정한 법관"이라고 규정하고 있으므로,「헌법」제101조 제3항의 규정에 따라 인공지능이 법률로 법관의 자격을 인정받았더라도 헌법이 정한 법관인지에 대해서는 헌법적 문제로 여전히 남는다는 견해가 있다.[496]

또한 법치주의하에서 사법권의 역할은 법적 합리성과 법적 소양을 갖춘 법관에 의해 수행되는데, 여기서 법적 합리성과 법적 소양이라는 것은 당연히 인간을 전제로 한다는 입장이 있다.[497] 이에 따르면 인간 법관을 인공지능 법관이 대신할 때 법치주의에 대한 정당성과 신뢰가 훼손될 가능성이 있다고 본다.[498] 현행 헌법과 법률에서는 자연인 법관을 전제로 규정하고 있다고 보는 경우 인공지능 법관이 판결하기 위해서는 법의 개정이 필요하다고 주장한다.[499] 인공지능 법관 도입과 관련해 종래 국민의 재판 참여에 관한 논의를 참고하고자 한다.

(2) 국민 사법참여 제도

1) 배심제와 참심제

국민의 재판 참여제도로 대표적인 것이 배심제와 참심제이다. 배심제는 일반 국민으로 구성된 배심원단이 재판에 참여하여 분쟁을 판단하는 제도이다.[500] 배심원단이 직업 법관과 독립하여 사실문제(형사사건에서는 유무죄 판단)에 관하여 평결을 내리고, 법관은 그 평결에 구속되어 재판하는 제도를 말한다.[501] 국민이 직접 사법에 참여하므로 사법의 민주성을 크게 확보하고 법관의 관료화를 억제하며 인권보장 등에 기여하는 역할을 한다.[502] 반면 배심제는 복잡한 사건이나 전문 지식이 필요한 사건은 일반인이 판단하기가 어려우며 언론이나 여론 등의 영향을 받아 사실인정을 하기가 쉽다는 문제가 있다.[503]

참심제는 일반 국민이 참심원이 되어 직업 법관과 함께 재판부를 구성하는 제도이다.[504] 참심제는 법관과 일반 국민이 합의로 재판이 진행되므로 배심제보다 일반인의 정서적 판단에 의한 오판을 막을 수 있다.[505] 그러나 이 제도는 일반 국민이 사실판단과 법률판단에 모두 관여한다고 하지만, 실제로는 직업 법관이 주도하며, 참심원은 제한으로 참여할 뿐이다.[506] 인공지능을 사법 제도에 도입하는 문제에서는 직업 법관이 비전문 법관의 평결에 구속되는 배심제보다는 직업 법관이 주도하는 참심제와 관련된 논의를 중심으로 살펴본다.

2) 참심제 도입에 관한 검토

참심제 도입에 관한 위헌설은 참심원이 헌법 문리해석상 「헌법」 제27조 제1항의 '헌법과 법률이 정하는 법관'으로 보기 어려우며, '법관'에 대한 입법권자의 의사를 존중해야 한다는 견해이다.[507] 또한 일반인에 의한 재판은 전문성에 문제가 있어 오류 가능성이 있다고 한다.[508]

이에 대해 합헌설은 「헌법」 제27조 제1항이 정하는 법관은 전문 법관에 한정되지 않으며, 헌법 제정자의 의사가 모든 것을 결정하는 것은 아니라고 한다.[509] 그리고 현재 감정증인 등과 같이 어떤 방식이든지 이미 국민의 참여가 이

뤄지고 있으며, 편견과 선입견은 누구나 있다고 주장한다.[510] 또한 참심제는 헌법에 정한 직업 법관이 시민과 함께 관여하기 때문에 '법관에 의한 재판'이 당연하다고 주장한다.[511] 또한 참심원이 사실인정에만 관여한다면 합헌이라고 보는 제한적 합헌설의 입장도 있다.[512]

(3) 인공지능 법관 도입에 관한 검토

인공지능 법관이 헌법적 정당성을 부여받기 위해 반드시 헌법의 명문에 규정되어 있어야 할까? 이 문제에 대해서 국민의 사법 참여제도에 관해 헌법 명문의 규정에 국한하지 말자는 견해가 있다. 이 견해는 국민 사법참여 제도는 국민주권주의를 제1 원리로 삼는 헌법 국가에서 배심제와 참심제를 통한 시민 참여는 대부분 제도화되어 있는데[513] 이 국가들이 이 제도를 헌법에 반드시 명문화하고 있는 것은 아니라고 한다.[514] 이 제도가 헌법에 규정되어 있지 않지만 국민의 재판 참여가 배제되어서는 안 된다고 주장한다.[515]

이 견해를 인공지능 법관 도입에 적용하면 인공지능을 사법에 활용하는 것이 국민의 사법 접근성을 높인다는 점이 인정되고 수용에 대한 사회적 합의가 이루어지면 헌법 개정이 없어도 인공지능 법관에 대한 합헌적인 결과 도출을 할 수 있을 것이다. 현직 법관과 일반 국민이 함께 재판부를 구성할 수 있다면, 인공지능도 함께 재판에 참여할 가능성이 있을 것이다.

나아가 재판 일부분을 인공지능에 전적으로 맡기는 경우까지 고려한다면 어떻게 헌법적 정당성을 이끌어낼 것인가에 대해 고찰해 볼 수 있다. 이 경우 인공지능이 일관되고 효율적이며 공정한 결정을 내릴 수 있도록 지원하고, 법관은 인공지능을 감독하며 알고리듬에서 벗어난 재량권을 행사할 수 있어야 할 것이다.[516] 법관의 감독하에 인공지능을 활용하고 인공지능 판결에 대한 이의 신청을 할 수 있도록 한다면 헌법과 법률이 정한 법관에 관한 헌법적 문제는 발생하지 않을 것으로 보인다.[517]

2 법관의 양심

「헌법」제103조에는 "법관은 헌법과 법률에 의하여 그 양심에 따라 독립하여 심판한다"고 규정하고 있는데, 인공지능 법관이 이러한 양심을 가질 수 있는지에 논의가 필요하다. 헌법재판소는 양심에 대하여 "내심에 있어서의 가치적·윤리적 판단"[518]이라고 표현하거나, "강력하고 진지한 마음의 소리이지, 막연하고 추상적인 개념으로서의 양심이 아니다"[519]라는 태도를 보인다. 인공지능에 이러한 양심이 있을지 의문을 제기하는 견해가 있다.[520]

반면, 「헌법」제103조의 '양심'에 대해 다수설은 법관으로서의 객관적 양심을 의미한다고 보고 있는데[521] 법관의 개인적 양심이 아닌 법관이라는 직업으로 요구되는 양심 또는 법리적 양심으로 이해하고 있다.[522] 인공지능의 경우 충분한 법률 데이터 학습을 거쳐 법리적으로 타당하고 흠이 없는 결론을 도출하는 수준에 이른다면 객관적 양심을 보유한 것으로 볼 수 있다는 입장이 있다.[523]

한편, 객관적 양심설을 취하더라도 양심을 법관이 위헌의 의심이 있는 법률에 대해 위헌심판제청을 하거나 해당 사건에서 법규범의 적용을 거부하여 본인의 갈등을 해소할 가능성으로 본다면[524] 인공지능에 이런 의미에서의 양심을 찾기는 어려울 것이라는 견해도 있다.[525]

생각건대, 「헌법」제103조의 '양심'을 공정성과 합리성[526]의 관점에서 본다면 인공지능도 가능할 것으로 보이나, 위헌심판제청을 하거나 분쟁 사건에서 법규범의 적용을 거부하는 등과 같은 적극적인 역할까지 의미하는 양심은 기대하기 어려울 것으로 보인다.

지금까지 인공지능 법관 도입에 관한 논의를 살펴보았다. 다음은 민사소송에서 인공지능 활용을 위한 제도 구축과 개선에 대해 살펴본다.

제5절 민사소송에서 인공지능 활용을 위한 종합적 제안

> 민사소송에서 인공지능을 효율적으로 활용하기 위해 무엇을 해야 할까?

I. 사법 데이터 활용 제고를 위한 기반 구축

1 판례의 데이터베이스화와 알고리듬의 신뢰성 구축

민사소송 절차에서 인공지능을 제대로 활용하기 위해 판례의 데이터베이스화가 필요하다. 미국에서 재판예측을 비롯해 법학과 기술을 접목한 연구가 활발하게 진행되고 있는 것은 미국 연방대법원 판결문이 데이터베이스로 구축되어 누구나 이용할 수 있었기 때문이다. 판례의 데이터베이스화가 이루어지고 공개되어 누구나 활용할 수 있으면 국내에서도 재판예측을 비롯하여 리걸테크에 관한 연구가 활발하게 이루어질 것으로 보인다.

또한 알고리듬을 구축할 때 신뢰성을 쌓는 것이 중요하다. 재판예측의 경우 내부적으로 판단 과정을 해석할 수 없다면 예측 결과를 신뢰하기 어렵게 된다.[527] 이렇게 신뢰를 쌓지 못한다면 큰 비용을 들여 개발한 인공지능 서비스가 제대로 활용되지 못하게 될 것이다.[528] 만약 해당 사건에 전문가가 예측 모형을 자신의 판단을 보조하기 위해 사용하는 경우, 예측 모형이 전문가의 예상과 다른 결과를 제시하고 더군다나 그 이유를 파악할 수 없다면 이용자는 이 점을 혼란스럽게 여길 것이다.[529] 그리고 이용자가 해당 사건에 전문성이 없는 경우 예측 모델이 잘못된 점을 걸러 내기가 어렵다는 문제가 발생한다.[530] 인공지능에 의한 예측 모

델은 오류 가능성이 있으므로 그 점을 인지하고 이에 대응할 역량을 갖추어야 한다.[531]

　　최근에는 인공지능에 설명을 붙이려는 시도가 나타나고 있는데, 이스라엘의 한 신생기업에서 인공지능이 답을 제시할 때 인용 출처를 제공하는 서비스를 출시하기도 했다.[532] 인공지능의 학습 데이터를 구축하는 과정에 한계를 인지하는 한편 이를 극복하기 위한 시도에 관심을 가지고 알고리듬의 활용을 높이기 위한 노력이 필요하다.

2 기계판독 가능한 판결문 제공 확대

(1) 의의

　　인공지능이 사법 분야 활용에 필요한 유의미한 법률 데이터를 대규모로 생성할 수 있으려면 판결문 형식의 변화가 필요하다. 판결문을 빅데이터로 활용할 수 있는 플랫폼으로 구축하기 위해 데이터 내용을 추출하기 쉬운 형태로 만드는 것이 바람직하다.[533] 즉, '기계판독이 가능한 형태'로 판결문을 구축하는 것이 필요한데, 이것은 소프트웨어로 데이터의 개별내용 또는 내부구조를 확인하거나 수정, 변환, 추출 등 가공할 수 있는 상태(「공공데이터의 제공 및 이용 활성화에 관한 법률」 제2조 제3호)를 말한다.

　　기계판독 가능성이 있는 판결문 제공에 대해 해당 판결서를 수정·편집하여 악용할 우려가 있으므로 신중히 접근해야 한다는 견해가 있다.[534] 이에 대해 기계가 판독이 어려운 판결서를 제공한다고 해도 판결서의 수정·편집 가능성이 소멸할지에 대해 의문을 제기하는 입장이 있다.[535]

　　생각건대, 현대 사회의 편집 기술의 발달로 기계가 판독이 어려운 판결서를 제공한다고 해도 악용 목적을 가진 자에게 판결서를 수정·편집하는 것은 정도의 차이가 있을 뿐 여전히 가능하다고 볼 것이다.[536] 따라서 기계가 판독이 가능한 판결문 구축을 확대할 필요하다고 생각한다.

(2) 현황과 개선방안

　　최근 「민사소송법」 개정으로 판결문을 문자열 또는 숫자열이 검색어로 기능할 수 있도록 하는 규정(「민사소송법」 제163조의2 제2항)을 두었고 2023년 1월 1일부터 시행되고 있다. 판결문을 기계 친화적으로 구축하려는 노력으로 볼 수 있다. 그러나 과거의 판결문 대부분 여전히 이미지 PDF로 남아 있는 상황이다.[537] 그동안 개인정보를 보호하고 수정과 편집을 방지하기 위한 까닭으로 이러한 형식으로 제공하고 있는데, 기계판독이 어려워 기계학습을 위해 데이터를 활용하려면 추가적인 기술을 사용해야 한다.[538] 「공공데이터의 제공 및 이용 활성화에 관한 법률」에서는 '공공데이터'에 해당하면 기계판독이 가능한 형태로 정비할 것을 명시하고 있다(동법 제2조, 제24조 제1항). 공개된 판결문은 이미 전자적 방식으로 법원의 전산 정보처리 시스템에 보관하고 있다는 점에서 공공데이터라고 할 수 있다.[539] 따라서 판결문은 이미지 형식에서 탈피하여 기계가 읽을 수 있는 형태로 접근할 수 있어야 한다.[540]

또한 판결문 작성 시부터 기계판독 가능성을 염두에 두는 방법도 생각할 수 있다. 예컨대, 마크업 언어(Markup Language)[541]인 XML(Extensible Makeup Language, 확장성 생성언어)로 문서를 작성한다면 사람과 기계가 모두 읽을 수 있고 빅데이터 처리에도 유용하다고 한다.[542] 각 목차에 '사실'과 '주장' 그리고 '판단'의 내용을 다음과 같은 형식으로 작성할 수 있다.[543]

▶ 표 26 XML 데이터 구조를 활용한 판결문 작성의 예

```
<이유>

    <목차 번호='1' 유형='사실'>인정사실</목차>
    <내용> ------ </내용>
    <목차 번호='2' 유형='주장'>원고의 주장</목차>
    <내용> ------ </내용>
    <목차 번호='3' 유형='판단'>원고의 주장</목차>
    <내용> ------ </내용>

</이유>
```

출처: 고학서 외 19인, 2021[544]

3 **민사소송에 특화된 인공지능 개발**

민사소송에 특화된 기술을 개발하고 맞춤형 인공지능 소송 서비스 개발을 하는 것이 필요하다. 현재 인공지능 기술은 공개 프로그램 바탕의 인공지능 개발 프레임워크[545]에 기반을 두고 있다.[546] 다양한 인공지능 개발 프레임워크가 있고 딥러닝 모형의 경우에는 카페(Caffe),[547] 토치(Torch),[548] 텐서플로우(TensorFlow)[549] 등을 예로 들 수 있다. 하지만 이러한 프레임워크는 일반적인 인공지능 기법을 적용하기 위한 것으로 법률 문서를 처리하는 데 특화된 것은 아니다.[550]

또한 소송 단계별 절차에 법률 챗봇과 같은 형태의 서비스를 제공한다면 소송을 보다 효율적으로 조력할 수 있을 것이다. 대화 형식의 채팅 서비스는 일방적인 정보를 제공하는 것에 비해 소통이 더욱 원활하게 될 것으로 보인다.[551]

전자소송을 도입할 때 대법원 전자소송 홈페이지에서 가상 체험 프로그램을 제공하여 모의 연습 프로그램을 운용한 바 있다.[552] 이처럼 인공지능을 활용한 민사소송을 도입하면서도 모의 연습을 하여 사전 체험을 제공하는 것도 고려할 수 있을 것이다.

II. 분쟁 해결 통합 서비스 구축과 사업자 선정 기준 마련

앞서 제1장에서 언급한 바와 같이 사법 접근성을 방해하는 이유 중의 하나가 분쟁 해결 기관이 분산되어 있다는 점이다. 인공지능을 활용하여 분쟁 해결 시스템을 구축했다고 하더라도 서비스가 분산되어 있다면 접근성이 낮아질 것이다. 현재 이미 설립된 국민권익위원회나 중앙행정심판위원회의 온라인 행정심판 서비스는 분산되어 있어 당사자들이 각자 자신의 문제와 관련된 기관이 어디인지 찾아야 한다는 문제가 있다.[553] 따라서 다양한 기관과 시스템을 연계할 필요가 있다.[554] 현재 공정거래위원회 '소비자 24'에서는 정부가 공공기관, 민간 기관에 분산된 정보를 맞춤형으로 제공하고, 피해구제기관에 대한 종합 신청창구를 마련하고자 노력하고 있다.[555]

상담창구의 분산화를 막고 종합적인 센터를 설립한 경우는 일본의 종합사법

지원센터를 예로 들 수 있다. 종합사법지원센터는 그동안 상담창구의 분산화로 인한 법률 서비스 이용의 불편, 경제적 이유로 법률 전문가의 접근이 어려운 부분 등을 해소하기 위해 설립되었다.[556] 사법 개혁의 일환으로 2004년 6월에 공포된 「총합법률지원법(総合法律支援法)」에 따라 2006년에 설립된 '호테라스(法テラス)'[557]는 지원센터를 통해 법률지원 관련 단체와의 관계를 형성하고 국민이 전국 어디에서든지 법률문제를 해결할 수 있도록 신속하고 종합적으로 정보서비스를 제공한다는 목표를 가지고 있다.[558] 호테라스는 주로 전화와 메일을 통하여 상담이 이루어지고 있으며[559] 전화 상담에서 사생활 보호를 위해 방음 시설을 갖추고 있다.[560]

위의 사례는 직접적인 인공지능 서비스에 관한 예는 아니지만, 정부에서 법률종합센터를 구축했다는 점에서 앞으로 인공지능을 활용한 사법 서비스를 출시하는 경우에도 참고할 필요가 있다고 생각한다. 인공지능에 관한 법률 서비스가 다양하게 출시되면 종합적으로 통합하여 사용자의 편의성을 높일 필요가 있다. 법률 서비스를 한곳에 모으되 실제적인 분쟁 해결은 세분되어야 할 것이다. 예를 들면, 당사자가 관련 서비스를 잘 찾을 수 있도록 챗봇 서비스를 통하여 안내대의 역할을 할 수 있을 것이다. 이때 챗봇 서비스도 단순히 조언하는 데 그치지 않고 분쟁의 유형과 내용에 대한 세분되고 전문적인 안내가 필요하다.

또한 법원에서 인공지능 사법 시스템 관련한 사업자를 선정할 때 그 기준이 필요할 것인데 전자서명인증사업자를 선정하기 위한 내용을 참고해 볼 만하다. 전자서명인증사업자를 선정하기 위해서는 인정기관과 평가기관을 선정하고, 평가기관은 해당 사업자의 운영기준 준수 여부를 평가하여 그 결과를 운영기준 준수 사실 인정기관인 한국인터넷진흥원에 제출하도록 하고 있다(「전자서명법」 제9조, 제10조). 여기서 평가기관 선정에 대한 주요 내용을 살펴보면(「전자서명법」 제10조, 「전자서명시행령」 제5조, 「전자서명법」 시행규칙 제2조) ① 조직 및 전문성 ② 신뢰도 ③ 업무수행 영역 ④ 시설 및 보안 분야로 구성되어 있다.

조직 및 전문성 분야에서는 평가 업무를 수행하는 전담조직을 보유했는지 여부, 실제 평가 업무를 수행하는 전문인력의 수 등을 평가한다. 그리고 신뢰도 분야는 신용평가등급에 따른 평가와 피해보상 관련 보험에 가입했거나 이에 상응하는 대책을 마련했는지 여부 등을 평가한다. 시설 및 보안 분야에는 독립된 사무 공간 유무와 문서 분실·도난의 예방을 위한 보안 시설 마련 여부 등을 평가한다.

업무수행 영역의 평가는 가장 큰 비중을 차지하는데(평가 내용의 60%), ① 평가 업무수행지침(품질관리, 운영관리, 평가 업무 등의 절차와 방법), ② 품질관리(평가 품질 보증과 관리를 위한 교육 및 세미나 계획), ③ 운영관리(평가 방법과 절차의 투명성과 타당성), ④ 평가관리(평가 수행 절차 관련 계획), ⑤ 문서관리(업무 담당자 간 파일 송수신 및 문서 공유방식의 안전성)를 그 내용으로 한다. 이러한 사업자 선정 기준은 인공지능 기술과 업무 등의 특수성에 맞춰 그 기준이 수정·보완되어 활용될 수 있을 것이다.

III. 법학 교육 기관에서 인공지능 교육

법률 분야 종사자가 인공지능 활용을 효과적으로 하기 위해서 변호사 양성 교육 기관을 비롯하여 법학을 가르치는 대학과 대학원 등에서 관련 인공지능의 교육 과정이 마련돼야 한다. 이러한 교육 과정을 통해 인공지능 기술에 대한 관심을 높일 수 있고 실무에서도 활용할 수 있을 것이다.

미국 로스쿨은 인공지능 기술과 관련된 과목을 이미 마련하고 있으며 확대하는 방향으로 나아가고 있다. 다니엘(Daniel W. Linna Jr.) 교수팀은 2017년과 2019년 40여 개의 로스쿨에서 개설된 교과 과목 데이터를 활용하여 법학전문대학원 혁신 지수(Law School Innovation Index)를 작성한 바 있다.[561] 교과 과목에는 코딩과 인공지능 관련한 전산법, 통계와 확률에 관한 경험적 방법, 빅데이터 등에 기반을 둔 법률 업무 데이터 분석, 개인정보 보호와 관련된 사이버 보안법, 이디스커버리(eDiscovery) 과목 등이 포함되어 있다.

또한 법학 교육 기관에서 신생기업으로 발전시켜 비즈니스 모델을 창출하는 방법도 고려해 볼 수 있다. 이 책 제2장에서 미국의 스탠퍼드 대학교의 로스쿨과 컴퓨터공학과가 합작으로 배출한 벤처기업 '렉스 마키나'에 대하여 언급한 바 있는데[562] 이 기업은 재판예측을 통해 소송 서비스를 제공하고 있다. 그리고 동 대학의 코드엑스(CodeX)[563] 센터에서는 연구원, 변호사, 기업가, 기술자 등이 협력하여 법률의 효율성과 투명성, 사법 접근성의 수준을 높이기 위한 연구를 진행하고 있다. 법률 문서관리, 법률 인프라, 전산 법률학이 대표적인 수업 과목이며 법률 기술 신생기업을 배출하고 있다.

그동안 한국에서 법학전문대학원을 설립하면서 실무 교육 과정을 다수 도입했다. 앞으로는 실무 교육이라는 범위가 인공지능과 관련된 법 기술 교육까지 확대되어야 할 것이며 나아가 법률 비즈니스 모델 창출까지 포함되어야 할 것이다.

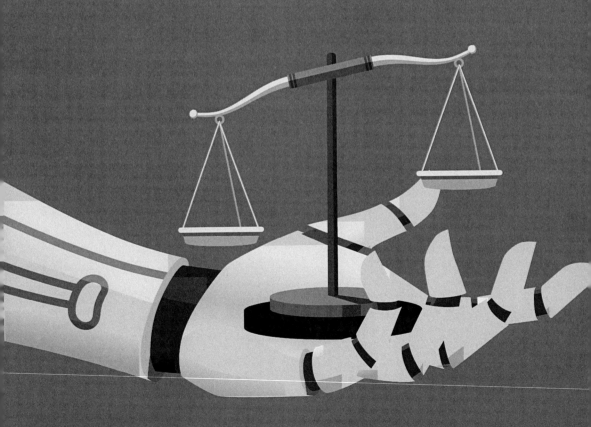

제5장

에필로그

인공지능과 사법접근성 향상

　　이 글은 사법 취약 계층을 비롯하여 국민의 사법 접근성을 높이는 방향에서 시작했다. 그리고 그 방법론으로 민사소송에 인공지능을 활용할 것을 제시해 보았다. 사법 접근성을 높이는 문제는 적정·공평·신속·경제(「민사소송법」 제1조 제1항)라는 민사소송의 이상을 실현하는 것과도 밀접한 관계가 있다. 그리고 방법론으로 제시한 인공지능이라는 도구를 활용하는 것은 국민의 사법 접근성을 높일 뿐 아니라 법원, 변호인, 사법 행정 등의 폭넓은 분야에서도 효율적인 업무수행을 이끌 수 있을 것이다. 이러한 도구를 활용하여 재판에 적용하는 연구는 그동안 꾸준히 진행됐다. 그러다가 최근 인공지능의 발달로 재판예측이나 챗봇 등의 효용성이 더욱 주목받게 되었다.

인공지능 정책과 민사소송에서 활용

　　한편, 인공지능의 위험성을 파악하고 이를 최소화하기 위한 대책을 마련해야 한다. 인공지능의 불투명성과 편향성의 문제를 극복하기 위해 각국에서 규제에 대한 노력이 진행되고 있다. 특히 미국의 경우 광범위한 규제보다는 인공지능을 성장시키는 점에 초점을 두고 있다. 이 점이 눈여겨볼 부분이라고 생각한다. 이 글에서는 ① 인간 존중 ② 통제 가능성 ③ 약자 보호 ④ 안전성 ⑤ 신뢰성이라는 인공지능 활용 지침을 제안했으며 사법 분야에도 적용할 수 있을 것이다.

　　그리고 현재 각국에서 활용하고 있는 민사소송에서 인공지능 시스템에 대한 사례를 소개했으며 그 예로 싱가포르 법원의 교통사고 처리에 관한 플랫폼, 미국 법원의 챗봇을 활용한 사법 서비스 등을 들 수 있다.

　　나아가 인공지능을 민사소송에 도입하는 논의를 하면서 민사소송의 이상과 심리의 기본원칙과의 관계에 대해 살펴보았다. 당사자주의 및 직권주의와 관련하여 미국에서 법정보기술산업(리걸테크)이 발달한 이유는 당사자주의와 관계가 있고, 직권주의 절차에서는 비교적 리걸테크의 성장에 한계가 있다고 할 수 있다.

　또한 인공지능 시대를 맞이하여 학습 데이터 구축 등의 필요성이 등장하면서 판례 공개에 대한 검토가 더욱 필요하게 되었다. 그동안 판례 공개는 헌법상 보장된 정보공개원칙과 재판공개 원칙 등을 중심으로 논의했다. 판례 공개는 그동안 사회 각 분야에서 지속해서 요구한 문제이며 인공지능 시대에 그 필요성이 더욱 높아지고 있다. 최근 민사소송법의 개정으로 판례 공개를 하기 위해 노력하고 있는 것으로 보인다. 개인정보 보호에 대한 대책이 다양하게 제안되고 있는 만큼 판례를 적극적으로 공개해야 할 것이다.

　아울러 판례 공개 등과 관련하여 인공지능 시대에는 개인정보 보호에 대한 논의가 필요하다. 인공지능 시대에는 정보 프라이버시가 중요한 부분을 차지하고 있고 개인정보의 흐름이 적절한지에 대한 논의가 이루어지고 있다. 이는 일정한 정보의 공개가 사회적 가치 등을 반영한다면 해당 정보에 대한 공개 가능성을 열어주고 있다. 또한 인공지능 사용에 대한 개인정보 보호를 위한 노력이 필요하며 법규정의 지속적인 보완이 필요하다. 결국 개인정보의 보호와 공개 사이에서 적절한 균형점을 찾아야 할 것이다.

　나아가 이 글은 인공지능을 민사분쟁 단계별로 어떻게 활용할 것인가를 소개했다. 소 제기 전 인공지능 시스템은 분쟁 당사자 간에 조정을 이끌며 대체적 분쟁 해결에 조력할 수 있다. 소 제기와 소송 진행 단계에서는 소장을 작성하거나 소송 자료 인식 등에 활용할 수 있다. 소송 종료 단계에서는 판결문 작성을 도울 수 있고 불복 신청 단계에서는 항소나 상고의 승소 가능성 예측 등의 기능을 할 수 있을 것으로 생각된다.

　이 과정에서 챗봇과 같은 기술을 도입할 수 있으며 이 경우 기존의 단순 상담 서비스보다는 세분되고 전문적인 소송 서비스를 제공해야 할 것이다. 이 글의 부록에서 챗봇을 활용한 민사소송 모델을 시각화하여 소송 단계에서 발생할 수 있는 피고의 경정 판단을 위한 시나리오를 작성하고 챗봇으로 구현해 보았다.

인공지능 법관 도입 논의

　　최근 인공지능을 사법절차에 도입하는 문제는 이른바 '인공지능 법관'이라고 불리며 대중적인 관심을 받고 있다. 이와 관련된 국내의 연구를 보면 인공지능을 재판에 활용할 경우 신속하고 공정한 재판, 전관예우 등의 법조계 문제 탈피 등을 장점으로 꼽았다. 반면 인공지능의 불투명성과 편향성, 선례 없는 사건 처리와 판례 변경의 어려움, 학습 데이터로 인한 한계의 어려움 등을 단점으로 들었다. 그리고 해외 연구를 살펴보면 인공지능을 인간 법관보다 더 신뢰하는 입장, 기본적으로 인간 법관에 대한 신뢰가 있지만 일정 조건하에 인공지능을 통해 소송에 참여하는 점에 긍정적인 입장 등이 있다.

　　이러한 인공지능 법관이 사법 체계에 도입되는 경우 헌법과 법률이 정한 법관인지에 대한 논의가 필요하다. 법관이 주도하고 인공지능이 조력하는 위치에 있다면 인공지능의 활용이 가능할 것이다. 즉 법관의 감독하에 인공지능을 적용한다면 헌법과 법률이 정한 법관에 해당하는지에 대한 문제는 무리가 없을 것으로 보인다. 인공지능의 판결 결과에 대해 다시 법관에게 재판을 받을 수 있도록 해야 하며, 법관의 역할이 필요한 부분에서 인공지능의 활용에 일정한 제한을 둘 수 있다.

　　그 밖에 기계가 판독할 수 있는 데이터의 범위를 확대하며 민사소송에 특화된 기술의 개발과 분쟁 해결을 위한 통합 서비스 구축이 필요하다. 이와 더불어 법학 교육 기관에서 인공지능에 관한 교육이 실행되어야 할 것이다.

사법 분야에서의 인공지능 도입은 선택이 아닌 방법의 문제

　　지금까지의 살펴본 논의는 사법 접근성 향상을 위한 민사소송에서 인공지능 활용에 대해 그 가능성을 열어주고 있다고 볼 수 있다. 이를 바탕으로 가능한 분야부터 차츰 인공지능을 사법절차에 도입할 수 있을 것이다. 인공지능이라는 새로운 기술은 비약적으로 발전하고 있고 사회 전반적으로 적극적으로 활용되고 있는데 사법 분야에서 이를 도외시할 수는 없다. 사법 분야에서도 이것은 앞으로 더 이상 선택의 문제가 아니라 방법의 문제가 될 것이다.

　이를 위해 국민의 공감하에 사법부를 비롯하여 정부, 교육 기관 등 사회 다양한 분야에서 협조가 요구된다. 앞으로 법과 기술의 만남을 통해 펼쳐질 새로운 사법 분야의 발전을 기대해 본다.

챗봇을 활용한
민사소송 모델

부록

챗봇을 활용한 민사소송 모델

> 챗봇을 민사소송에 활용해 보자!

I. '피고의 경정' 관련 순서도와 시나리오

「민사소송법」은 임의적 당사자변경의 한 형태로 피고의 경정 제도를 두고 있다(동법 제260조). 분쟁 당사자가 피고를 변경하는 상황을 가정하고 데이터베이스 내에서 법리가 구성되는 모습을 맞춤형 대화형 챗봇을 통해 간단하게 구현해 봤다.

피고의 경정이란 원고가 피고를 잘못 지정한 것이 분명할 때 피고를 교체하는 것이다(동법 제260조 제1항). 소송 경제적 측면을 고려하여 이를 인정하고 있는데, 원고가 피고 적격자를 잘못 안 경우 피고 교체를 인정해서 소각하를 한 후 다시 신소를 제기하는 번거로움을 방지할 뿐 아니라 법원도 동일 소송 절차에서 심리를 계속하게 할 수 있도록 하고 있다.[564]

피고의 경정 요건은 ① 원고가 피고를 잘못 지정한 것이 분명해야 하고 ② 1심의 변론을 종결할 때까지 하여야 하며 ③ 피고가 본안에 응한 때는 피고의 동의를 받아야 한다. ④ 또한, 피고 교체 전후를 통하여 소송물이 동일해야 한다.[565]

피고 경정의 요건에서 피고를 잘못 지정한 것이 분명할 때란 청구취지나 청구원인의 기재 내용 자체로 보아 원고가 법률적 평가를 그르치는 등의 이유로, 피고의 지정이 잘못된 것이 명백하거나 법인격의 유무에 관하여 착오를 일으킨 것이 명백한 경우 등을 말한다.[566] 단순히 피고의 표시를 잘못하여 오류가 있는 경우 법원은 정정 또는 보충하면 되고 피고의 경정 대상이 아니다.[567] 위의 내용을 종합하여 순서도와 시나리오를 작성해 보면 다음과 같다.

▶ 표 27 '피고의 경정' 판단을 위한 순서도

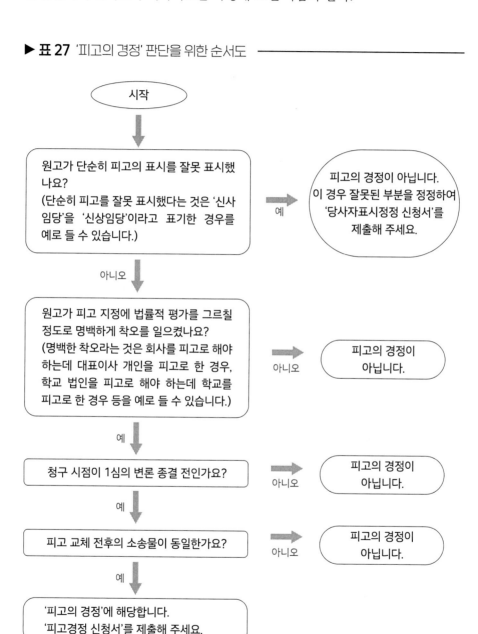

시작

원고가 단순히 피고의 표시를 잘못 표시했나요?
(단순히 피고를 잘못 표시했다는 것은 '신사임당'을 '신상임당'이라고 표기한 경우를 예로 들 수 있습니다.)

예 → 피고의 경정이 아닙니다.
이 경우 잘못된 부분을 정정하여 '당사자표시정정 신청서'를 제출해 주세요.

아니오

원고가 피고 지정에 법률적 평가를 그르칠 정도로 명백하게 착오를 일으켰나요?
(명백한 착오라는 것은 회사를 피고로 해야 하는데 대표이사 개인을 피고로 한 경우, 학교 법인을 피고로 해야 하는데 학교를 피고로 한 경우 등을 예로 들 수 있습니다.)

아니오 → 피고의 경정이 아닙니다.

예

청구 시점이 1심의 변론 종결 전인가요?

아니오 → 피고의 경정이 아닙니다.

예

피고 교체 전후의 소송물이 동일한가요?

아니오 → 피고의 경정이 아닙니다.

예

'피고의 경정'에 해당합니다.
'피고경정 신청서'를 제출해 주세요.

▶ **표 28** '피고의 경정' 신청을 위한 챗봇 시나리오(1)

<대화 1>

[챗봇] 안녕하세요? 이 챗봇은 '피고의 경정' 신청 대상에 대해 안내합니다. 원고가 피고의 지정을 잘못한 경우, 어떤 경우에 피고의 경정을 신청할 수 있는지 보여 줍니다.
챗봇 시작을 바라시면 '시작'이라고 말씀해 주세요.

[응답자] 시작

[챗봇] 원고는 단순히 피고를 잘못 표시하였나요?
(단순히 피고를 잘못 표시했다는 것은 '신사임당'을 '신상임당'이라고 표기한 경우를 예로 들 수 있습니다.)
'예' 또는 '아니오'로 답해 주세요.

[응답자] 예.

[챗봇] '피고의 경정'이 아닙니다.
단순히 피고를 잘못 표시한 경우는 '피고의 경정' 신청 대상이 아니며, 이 경우 그 표시를 정정하면 됩니다. '당사자표시정정 신청서'를 제출해 주세요.

[챗봇] 대화를 종료합니다. 다시 시작하고 싶으시면 '시작'이라고 입력해 주세요.

<대화 2>

[응답자] 시작.

[챗봇] 원고는 단순히 피고를 잘못 표시하였나요?
(단순히 피고를 잘못 표시했다는 것은 '신사임당'을 '신상임당'이라고 표기한 경우를 예로 들 수 있습니다.)
'예' 또는 '아니오'로 답해 주세요.

[응답자] 아니오.

[챗봇] 원고는 피고 지정에 법률적 평가를 그르칠 정도로 명백하게 착오를 일으켰나요?
(명백한 착오라는 것은 회사를 피고로 해야 하는데 대표이사 개인을 피고로 한 경우, 학교 법인을 피고로 해야 하는데 학교를 피고로 한 경우 등을 예로 들 수 있습니다.)
'예' 또는 '아니오'로 답해 주세요.

[응답자] 아닙니다.

[챗봇] '피고의 경정'이 아닙니다.
대화를 종료합니다. 다시 시작하고 싶으시면 '시작'이라고 입력해 주세요.

<대화 3>

[응답자] 시작.

[챗봇] 원고는 단순히 피고를 잘못 표시하였나요?
(단순히 피고를 잘못 표시했다는 것은 '신사임당'을 '신상임당'이라고 표기한 경우를 예로 들 수 있습니다.)
'예' 또는 '아니오'로 답해 주세요.

[응답자] 아니오.

[챗봇] 원고는 피고 지정에 법률적 평가를 그르칠 정도로 명백하게 착오를 일으켰나요?
(명백한 착오라는 것은 회사를 피고로 해야 하는데 대표이사 개인을 피고로 한 경우, 학교 법인을 피고로 해야 하는데 학교를 피고로 한 경우 등을 예로 들 수 있습니다.)
'예' 또는 '아니오'로 답해 주세요.

[응답자] 예.

[챗봇] 청구 시점이 1심의 변론이 종결되기 전인가요?
'예' 또는 '아니오'로 답해 주세요.

[응답자] 예.

[챗봇] 피고 교체 전후의 소송물이 동일한가요?
'예' 또는 '아니오'로 답해 주세요.

[응답자] 예.

[챗봇] '피고의 경정 신청' 대상에 해당합니다.
'피고경정 신청서'를 제출해 주세요.
대화를 종료합니다. 다시 시작하고 싶으시면 '시작'이라고 입력해 주세요.

II. 다이얼로그플로우를 활용한 챗봇 모델

피고의 경정에 관한 순서도와 시나리오를 바탕으로 대화형 챗봇을 만들어 보았다. 구글의 대화형 인공지능 플랫폼인 다이얼로그플로우(Dialogflow)를 통해 실현했다. 다이얼로그플로우는 이미 자연어 처리가 구현되어 있고 질문과 답변을 입력하여 대화로 구현할 수 있다.[568]

질문과 예상 답변을 입력하는 것만으로 정해진 시나리오에 따라 인공지능 챗봇이 만들어지나 해당 서비스는 영어로 특화가 되어 있어 한국어의 경우 더 많은 예상 답변을 입력해야만 정확성을 높일 수 있다는 단점이 있다. 간단하게 구현된 이 챗봇의 경우 긍정의 답변은 32개, 부정의 답변은 21개[569]를 입력해 주었다.

▶ 다이얼로그플로우 구현 과정

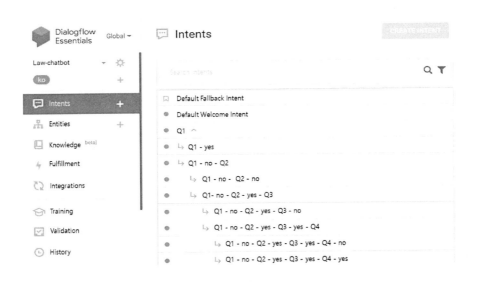

프로그램이 완성되면 챗봇 주소 등을 통해 소송 당사자가 대화를 시작할 수 있다. 실제 대화의 과정을 살펴보면 다음과 같다.

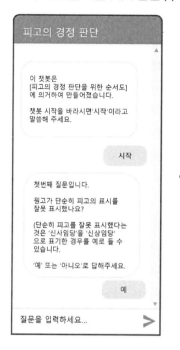

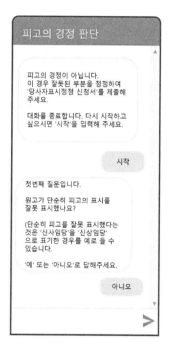

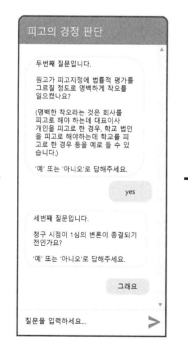

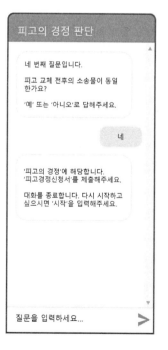

III. 버튼형을 활용한 챗봇 모델

버튼형(Button-Type) 챗봇은 입력하지 않고 클릭 하나로 대화가 진행되므로 간단한 질문에는 편하게 사용할 수 있다. 아래는 플랫폼을 이용하지 않고 직접 코딩하여 구현된 버튼형 챗봇이다.

▶ 버튼형 챗봇을 활용한 피고 경정 판단 대화 ──────────────────

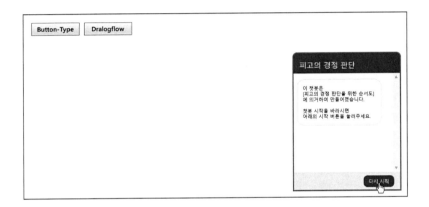

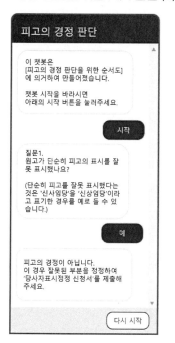

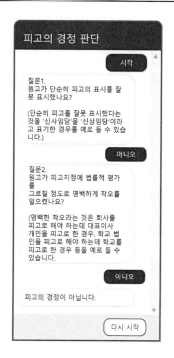

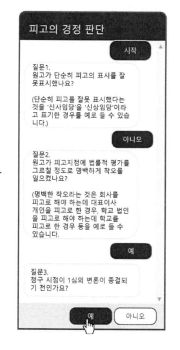

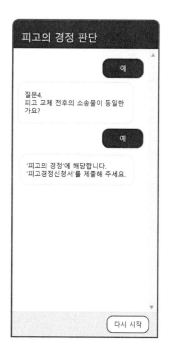

149

앞의 시나리오는 챗봇의 판단 능력에 따라 다양한 구현이 가능할 것이다. 아래에 다른 시나리오의 예를 작성해 보았다.

▶ 표 29 '피고의 경정' 신청을 위한 챗봇 시나리오(2)

[챗봇] 안녕하세요? 무엇을 도와 드릴까요?

[사용자] 피고 이름을 바꾸고 싶어요.

[챗봇] 변경할 이름이 무엇인가요?

[사용자] '허난설헌'.

[챗봇] '허낭설헌'을 '허난설헌'으로 바꾸려는 것 맞나요?

[사용자] 네.

[챗봇] 피고 이름의 철자가 틀린 것으로 보입니다. 맞나요?

[사용자] 맞습니다.

[챗봇] 이 경우는 단순히 피고의 표시를 잘못 표시한 것입니다. '당사자 표시정정 신청서'를 제출해 주세요.

[사용자] 시작.

[챗봇] 안녕하세요? 무엇을 도와 드릴까요?

[사용자] '피고의 경정'에 해당하는지 알고 싶습니다.

[챗봇] 변경할 이름이 무엇인가요?

[사용자] 흥부 주식회사

[챗봇] 피고 '김흥부'을 '흥부 주식회사'로 바꾸는 것 맞나요?

[사용자] 네.

[챗봇] 회사를 피고로 해야 하는데 대표이사 개인을 피고로 한 경우로 보입니다. 맞나요?

[사용자] 맞습니다.

[챗봇] 이 경우 원고가 피고 지정에 법률적 평가를 그르칠 정도의 명백한 착오라고 할 수 있습니다. 피고 교체 전후로 소송물이 동일한가요? 여기서 소송물이라는 것은 보통 '청구'라고 하며 소송 목적570을 말합니다.

[사용자] 달라요.

[챗봇] 소송물이 동일하지 않다면 '피고의 경정'이 아닙니다.

[사용자] 아, 소송물이 동일합니다.

[챗봇] 현재 사건은 1심 변론 종결 전으로 보이며 '피고의 경정'에 해당합니다. '피고 경정 신청서'를 제출해 주세요.

IV. 제안

지금까지 구글이 제공하는 대화형 인공지능 플랫폼인 다이얼로그플로우를 통해 피고의 경정 제도에 대한 대화형 챗봇을 구현해 보았는데, 이 플랫폼은 자연어 처리(NLP)와 자연어 이해(NLU)가 가능하다.[571] 아직은 일부분 예제이지만 민사소송 절차에서 인공지능 활용에 대한 인식에 도움을 주고자 챗봇을 시각화해 보았다. 앞으로 기술이 더 발달해 가면서 인공지능이 법률상담과 소송 진행에 더 구체적인 도움을 주는 것이 가능해질 것이다.

또한 본서 제2장에서 소개한 바 있는 법무부에서 출시한 챗봇 버비는 챗봇을 활용하기 시작했다는 점에서는 좋은 시도라고 할 수 있으나 보완해야 할 점이 있다. 아직은 전문적인 법률 용어를 사용해서 대화해야 하고, 일반적인 법률 정보를 제공하는 형태에 그치고 있다. 일상적인 말로 사건을 설명해도 법률상담이 가능하고 해당 사건에 밀접한 정보를 제공할 수 있도록 개선돼야 한다. 앞으로 사법 분야에서 챗봇은 법률상담형, 소송수행형, 재판예측형 등과 같이 더욱 전문화되고 기능도 강화돼야 할 것이다.

제1장

1   TIME 1983. 1. 3. 기사.

2   김일환, "지능정보사회에서 헌법의 역할과 기능", 「성균관법학」 제32권 제3호, 성균관대학교 법학연구원, 2020, 43쪽.

3   김배원, "지능정보사회와 헌법 – 인공지능(AI)의 발전과 헌법적 접근", 「공법학연구」 제21권 제3호, 2020, 72쪽; 「지능정보화 기본법」에서는 지능정보사회에 대하여 "지능 정보화를 통하여 산업·경제, 사회·문화, 행정 등 모든 분야에서 가치를 창출하고 발전을 이끌어가는 사회"라고 정의하고 있다(동법 제2조).

4   사물인터넷(Internet of Things, IoT)이란 사물이 대부분 인터넷으로 연결되어 서로 정보를 주고받는 것을 말한다. 그 예로 자동차의 부품이 인터넷으로 연결되어 있어 사고가 난 경우 센서가 중앙관제센터로 신호를 보내고 센터에서는 사고 유형을 분석해 해결책을 전송하는 것을 들 수 있다. 또한 놀이동산 인형에 센서를 탑재해 실시간으로 정보를 습득해 어떤 놀이기구의 줄이 가장 짧은지 알려 주는 것도 사물인터넷을 활용한 것이다(용어로 보는 IT, 블로터, 네이버 지식백과).

5   김배원, 앞의 논문(미주 3), 71쪽.

6   클라우드 슈밥 저, 송경진 역, 「클라우스슈밥의 제4차 산업혁명」, 새로운현재, 2016, 12쪽.

7   위의 책.

8   위의 책, 12-13쪽.

9   위의 책, 13쪽.

10   B2B 거래는 기업과 기업 간의 거래(Business to Business), B2C 거래는 기업과 소비자 간의 거래(Business to Consumer), C2C 거래는 개인과 개인의 거래(Customer to Customer)를 의미한다(한경경제용어 사전).

11   O2O(Online to Offline)는 스마트폰 등을 활용하여 온라인으로 상품이나 서비스 주문받아 오프라인으로 해결해 주는 서비스를 말한다. 배달 음식 주문 앱이나 카카오 택시 앱을 예로 들 수 있다.

        핀테크(FinTech)는 파이낸셜(financial)과 테크놀러지(technology)의 합성어로 금융과 기술을 결합한 단어이다. 점포를 중심으로 하는 전통적 금융 서비스에서 발전해 인터넷, 모바일 기반 플랫폼을 활용하여 송금, 결제, 자산 관리 등을 가능하게 하는 금융 서비스를 말한다.

        옴니 채널(omni-channel)은 모든 것을 뜻하는 '옴니'에 '채널(유통망)'을 더한 뜻이다. 기업들은 오프라인 매장과 온라인 매장을 함께 운영하여 고객의 경험을 극대화하게 만든다(한경경제용어 사전, 뉴스핌 2023. 1. 27. 기사).

12   서병조, "지능정보사회의 도래와 네트워크 전략", 한국통신학회 발표 자료, 2016, 9쪽.

13   미래창조과학부, 「지능정보 기술 우리 삶을 어떻게 변화시킬까?」, 대한민국 정책 브리핑, 2016.

14   최동수·최은주, 「지능정보사회」, 제2판, 법문사, 2021, 89쪽.

15 클라우드(cloud)는 어디에 있는지 하늘을 보면 같은 구름을 볼 수 있듯이 인터넷이 연결되면 어디서나 자료를 사용할 수 있다는 뜻이다. 기업 안에 서버와 저장장치를 두지 않고 인터넷으로 연결된 외부의 데이터센터에 데이터를 저장하고 필요할 때마다 사용할 수 있는 서비스이다(한경 경제용어사전).

16 최동수·최은주, 앞의 책, 89-90쪽.

17 정보 시대의 '원유'로 비유되는 빅데이터(Big Data)는 기존 기업 환경에서 사용되는 '정형화된 데이터', 센서 데이터와 같은 '반 정형화된 데이터', 사진이나 이미지와 같은 멀티미디어 데이터인 '비정형화된 데이터'를 모두 포함한다. 빅데이터는 막대한 데이터 자체만을 일컫는 것이 아니고, 효과적으로 데이터를 처리·분석할 수 있는 기술에 더욱 초점을 둔 용어라고 할 수 있다(용어로 보는 IT, 블로터, 네이버 지식백과).

18 최동수·최은주, 앞의 책, 90쪽.

19 위의 책.

20 미래창조과학부, 앞의 자료, 2016.

21 손형섭, "디지털 전환(Digital Transformation)에 의한 지능정보 사회의 거버넌스 연구", 「공법연구」 제49집 제3호, 2021, 200-202쪽.

22 IBM Global business services, "Digital transformation, Creating new business models where digital meets physical", 「IBM Institute for Business Value」, 2011, 1쪽.

23 김준연, "전통 산업의 디지털 전환 : 기회인가, 위기인가? 디지털 전환의 개념, 유형 그리고 조건", 「월간SW중심사회」, 소프트웨어정책연구소, 2016, 5-6쪽.

24 정완용, 「전자상거래」, 법영사, 2016, 5쪽.

25 박철규, 「대체적 분쟁 해결 총론」, 도서출판 오래, 2016, 462쪽.

26 위의 책, 462쪽.

27 손승우, 「온라인 분쟁 해결[ODR]에 관한 국제 규범 모델 연구[I] - ODR에 관한 국제 규범 동향 분석」, 한국법제연구원, 2011, 23쪽.

28 손승우, 앞의 책, 24쪽.

29 Joseph W. Goodman, "The Pros and Cons of Online Dispute Resolution: An Assessment of Cyber-Mediation Websites", 「2 Duke Law & Technology Review」, 2003, 1-16쪽.

30 위의 논문.

31 위의 논문, 24-25쪽.

32 위의 논문, 1-16쪽.

33 안제우, "온라인 분쟁 해결의 발전을 위한 관련 당사자의 책임", 중재연구 제16권 제1호, 2006. 228쪽.

34 정채연, "사법에서 인공지능 기술의 수용을 위한 기초 연구 - 사법 접근성(Access to Justice)을

중심으로", 「법학연구」 통권 제66집, 전북대학교, 2021, 69쪽.

35 정채연, 앞의 논문, 69쪽.

36 위의 논문, 69-70쪽.

37 위의 논문, 116쪽.

38 강영주, "인공지능을 활용한 민사분쟁 해결에 관한 고찰", 「안암법학」 통권 제64호, 2022, 410쪽.

39 위의 논문.

40 김홍엽·전형준·권혁심·장완규, 「국민의 사법 수요 분석 및 정책 제안을 위한 연구」, 법원행정처, 2019, 4-5쪽.

41 OECD Conference Centre, 「Understanding Effective Access to Justice」, Paris Workshop Background Paper, 2016, 4쪽.

42 「European Convention on Human Rights」, Article 6 Right to a fair trial, Article 13 Right to an effective remedy.

43 김홍엽·전형준·권혁심·장완규, 앞의 책, 5쪽.

44 장완규, "미국의 사법 접근성 보장제도", 「법학연구」 제31권 제1호, 충북대학교 법학연구소, 2020, 291쪽.

45 위의 논문, 268쪽.

46 이하 사법 접근성의 필요성과 지속 가능한 발전 목표와의 연계에 관하여 Open Society Foundations, 2016 Issues brief, 「Leveraging the SDGs for Inclusive Growth: Delivering Access to Justice for All」, 2016, 2-4쪽 참고.

47 이하 사법 접근성의 장애에 관련하여 OECD headquarter Paris, 「Equal Access to Justice, OECD Expert Roundtable Background notes」, 7 October 2015, 5쪽 이하 요약.

48 최승재·김순희·최재원, 「사법 수요 현황 조사 및 사법 접근성 제고 방안 연구」, 법원행정처, 2018, 13쪽.

49 김홍엽·전형준·권혁심·장완규, 앞의 책, 115쪽.

50 위의 책.

51 '사법 수요조사 및 사법 접근: 안내 문서' 「Legal Needs Surveys and Access to Justice: A Guidance」에 부속된 설문을 말한다. 최승재·김순희·최재원, 앞의 책, x 쪽.

   https://www.oecd.org/governance/legal-needs-surveys-and-access-to-justice-g2g9a36c-en.htm [2023. 1. 12. 최종방문]

52 이하 조사 내용과 분석, 자료에 대한 표에 관하여는, 최승재·김순희·최재원, 앞의 책, 33-108쪽.

53 최승재·김순희·최재원, 앞의 책, 34-35쪽.

54 위의 책, 106쪽.

55 위의 책, 106-107쪽.

56 필자는 챗지피티에 접속하여 "AI가 무엇인지 알고 싶어"라고 질문하자 "AI는 인공지능(Artificial Intelligence)의 줄임말로, 컴퓨터가 인간과 유사한 지능적인 작업을 수행하도록 만든 기술입니다. 이를 위해 컴퓨터는 데이터와 알고리듬을 사용하여 패턴을 학습하고, 문제를 해결하며, 자연어 처리, 이미지 인식, 음성인식, 추천 시스템 등 다양한 분야에서 인간 수준 이상의 성능을 발휘할 수 있습니다. AI는 기계학습, 심층 학습, 자연어 처리, 컴퓨터 비전 등 다양한 분야에서 활용되고 있으며, 우리 일상생활에서도 널리 사용되고 있습니다. 예를 들어, 검색 엔진, 음성 비서, 스마트폰 애플리케이션, 은행 거래 등에서 AI 기술이 활용되고 있습니다"라고 답변했다. [2023. 2. 26. 최종방문]

6개월 정도 후 같은 질문을 던졌는데 챗지피티는 인공지능의 개념과 함께 고려되어야 할 사항에 대해 덧붙였다. "인공지능은 인간 지능을 모방하거나 시뮬레이션하는 컴퓨터 시스템 또는 프로그램을 의미합니다. 이것은 컴퓨터가 사고, 학습, 문제 해결 및 결정을 수행하는 능력을 갖춘 기술을 가리킵니다. 인공지능은 다양한 분야에서 활용되며, 기계학습, 딥러닝, 자연어 처리 등 다양한 기술과 방법을 사용하여 구현될 수 있습니다"라고 설명했다. 나아가 "인공지능은 이러한 기술을 활용하여 많은 영역에서 혁신을 이끌고 있습니다. 하지만 아직은 인간의 추론 능력이나 감정 등을 완벽하게 모방하기에는 한계가 있으며, 윤리적, 사회적인 문제도 함께 고려되어야 합니다"라고 마무리했다. 챗지피티의 기능이 향상하고 있는 것을 확인할 수 있었다. [2023. 8. 23. 최종방문]

57 Stuart Russell, Peter Norvig, 「Artificial Intelligence: A Modern Approach」 4th ed. Pearson, 2020, 1쪽.

58 위의 책, 1-4쪽.

59 위의 책, 2쪽.

60 위의 책.

61 튜링 테스트(Turing Test)는 1950년 영국의 수학자이자 컴퓨터 과학자인 앨런 튜링(Alan Turing)이 "컴퓨터가 생각할 수 있을까?"라는 질문에 대하여, 이를 실험하고자 설계한 것이다. 인간 조사관이 질문하면 그 질문에 대한 대답이 인간에게서 온 것인지, 컴퓨터로부터 온 것인지를 구별할 수 없다면 컴퓨터는 튜링 테스트를 통과하게 된다. 위의 책, 2쪽.

62 위의 책, 1-3쪽.

63 위의 책, 3-4쪽.

64 위의 책.

65 고학수 · 김병필 · 한애라 · 이계정 · 이상용 · 임용 · 김은수, 「사법부에서의 인공지능(AI) 활용방안」, 법원행정처, 2020, 4쪽.; Andrew Ng, "What Artificial Intelligence Can and Can't Do Right Now", 「Harvard Business Review」, 2019.

66 고학수 · 김병필 · 한애라 · 이계정 · 이상용 · 임용 · 김은수, 위의 책, 4쪽.

미주

67 Andrew Ng, 앞의 논문.

68 European Commission, High Level Expert Group on Artificial Intelligence, 「A definition of AI: Main Capabilities and Disciplines」, 2019, 5쪽.

69 European Commission, 「Regulation of the European parliament and of the Council: Laying Down Harmonised Rules on Artificial Intelligence (Artificial Intelligence Act) and Amending Certain Union Legislative Acts」, COM(2021) 296 final.

70 인공지능 시스템에는 ① 지도 학습, 비지도 학습, 강화 학습 및 딥러닝을 포함한 다양한 방법을 사용하는 기계학습 접근 방식(machine learning approaches) ② 논리 및 지식 기반 접근 방식(logic and knowledge-based approaches), 지식 표현(knowledge representation), 귀납적 프로그래밍(inductive programming), 지식 기반(knowledge bases), 추론(inference)과 연역 엔진(deductive engines), 기호 추리(symbolic reasoning)와 전문가 시스템(expert systems) ③ 통계적 접근 방식(statistical approach), 베이지안 추정(Bayesian estimation), 검색과 최적화 방법(search and optimization methods)이 포함된다.

Annex Ⅰ, Artificial Intelligence Techniques and Apporaches referred to in Article 3, point 1, 2021.

71 Searle, John. R., "Minds, brains, and programs", 「Behavioral and Brain Sciences」 3, Cambridge University Press, 1980, 417쪽.

72 위의 논문. 존 설 교수는 이러한 정의를 내린 후 강한 인공지능이 인지적 상태를 가지고 있다는 점에 대해 비판한다. 김진석, "'약한' 인공지능과 '강한' 인공지능의 구별의 문제", 「철학연구」 제117집, 철학연구회, 2017, 112쪽.

73 유진호·정상호·김민정·우재현·정경오, 「인공지능 환경의 프라이버시 보호 방안 연구」, 한국인터넷진흥원(KISA), 2020, 3쪽.

74 위의 논문.

75 한국교회탐구센터, 「인공지능과 기독교 신앙」, IVP, 2017, 76쪽.

76 위의 책, 75쪽; 강영주, 앞의 논문, 406-407쪽.

77 한국교회탐구센터, 위의 책.

78 위의 책.

79 위의 책.

80 위의 책, 76쪽.

81 이하 약한 인공지능의 4가지 분류에 대해서 마쓰오 유타카(松尾豊) 저, 박기원 역, 「인공지능과 딥러닝 - 인공지능이 불러올 산업 구조의 변화와 혁신」, 동아 엠엔비, 2017, 54-55쪽.

82 이도국, "인공지능(AI)의 민사법적 지위와 책임에 관한 소고", 「법학논총」 제34집 제4호, 한양대학교 법학연구소, 2017, 323쪽.

83 손영화, "인공지능(AI) 시대의 법적 과제", 「법과 정책연구」 제16집 제4호, 한국법정책학회, 2016, 305-306쪽.

84 알고리즘(algorism)과 알고리듬(algorithm)을 살펴보면 전자는 아라비아 숫자 계산법을 일컬으며, 컴퓨터와 관련한 용어는 후자를 말한다. 알고리듬은 주어진 문제를 해결하는 방법이나 절차로, 컴퓨터 프로그램의 실행 명령어들의 순서를 의미한다. 흔히 컴퓨터와 관련된 알고리듬을 알고리즘이라고 하고 있으나, 이 책에서는 '알고리듬'이라는 용어를 사용한다(네이버 영어사전, 네이버 지식사전).

85 홍의경, 「제대로 배우는 파이썬」, 생능출판, 2022, 17쪽.

86 위의 책, 17-18쪽.

87 위의 책, 14쪽.

88 Wing, J. M., "Computational Thinking", 「Communications of the ACM」 Vol. 49 No. 3, 2006, 33쪽.

89 위의 논문, 35쪽.

90 홍의경, 앞의 책, 14쪽.

91 이하 컴퓨팅 사고의 네 가지 단계에 관하여 홍의경, 위의 책, 14-16쪽.

92 프로그래밍 언어는 자연어를 구사하는 인간과 기계어만을 이해하는 컴퓨터 간에 의사소통 수단으로 작용한다. C언어, 자바(JAVA), 파이썬(Python) 등을 들 수 있다(학문명백과: 공학, 형설출판사).

93 홉스 레인(Hobson Lane), 하네스 막스 하프케(Hannes Max Hapke), 콜 하워드(Cole Hoard) 저, 류광 번역, 「파이썬으로 배우는 자연어 처리 인 액션 Natural Language Processing in Action」, 제이펍, 2020, 5쪽.

94 위의 책, 6쪽.

95 위의 책.

96 홍의경, 앞의 책, 16쪽.

97 위의 책.

98 위의 책.

99 위의 책.

100 장병탁·권호정·이인아·권영선, 「또 다른 지능, 다음 50년의 행복」, 아시아, 2019, 102쪽.

101 위의 책.

102 김현철, 「정보적 사고에서 인공지능까지」, 한빛아카데미, 2019, 154쪽.

103 ▶ 트리 구조의 예: 루마니아 '아라드(Arad)'에서 '부쿠레슈티(Bucharest)'의 노선을 찾는 검색 트리의 일부.

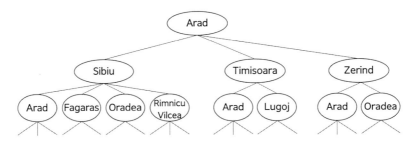

출처: Stuart Russell, Peter Norvig, 2021

104 김현철, 앞의 책, 154쪽.

105 위의 책.

106 이건명, 「인공지능, 튜링 테스트에서 딥러닝까지」, 생능출판, 2019, 57쪽.

107 위의 책, 57쪽.

108 김현철, 앞의 책, 2019, 154쪽.

109 이하, 휴리스틱의 예시는 다음 사이트 참조. http://www.aistudy.co.kr/heuristic/heuristic.htm [2023. 4. 21. 최종방문]

110 김현철, 앞의 책, 155쪽.

111 위의 책.

112 고학수 · 김병필 · 한애라 · 이계정 · 이상용 · 임용 · 김은수, 앞의 책, 6쪽.

113 김현철, 앞의 책, 157쪽.

114 위의 책.

115 고학수 · 김병필 · 한애라 · 이계정 · 이상용 · 임용 · 김은수, 앞의 책, 7쪽.

116 Europe Commission for the Efficiency of Justice (CEPEJ), 「European ethical Charter on the use of Artificial Intelligence in judicial systems and their environment」, 2018, 36쪽.

117 고학수 · 김병필 · 한애라 · 이계정 · 이상용 · 임용 · 김은수, 앞의 책, 8쪽.

118 이하 전문가 시스템의 문제점과 기계학습의 등장에 관하여 김현철, 앞의 책, 158-160쪽.

119 이하 빅데이터의 등장에 관하여 장병탁 · 권호정 · 이인아 · 권영선, 앞의 책, 15쪽.

120 위의 책.

121 한국교회탐구센터, 앞의 책, 79쪽.

122 위의 책.

123 이건명, 앞의 책, 34쪽.

124 위의 책; 학습에 대해 예를 들면 성인은 물건의 뾰족한 부분을 만지면 아프다는 것은 안다. 이것을 알기까지 과정을 살펴보면 먼저 아기가 뾰족한 물건을 만지려고 할 때 엄마가 "만지지 마. 만지면 아파!"라고 가르쳐 준다. 아기는 이 지식을 전달받고 성인이 된 후 그 지식을 바탕으로 의사결정을 한다. 누군가가 '지식'과 '규칙'을 알려주면 그것을 사용한다. 이것이 지식 기반 방법이라고 할 수 있다.

　　반면 데이터 기반 방법은 다음과 같다. 아기에게 아무도 뾰족한 부분을 만지면 아프다는 것을 알려준 적은 없지만, 아기가 가위를 만지거나 잘 깎은 연필 끝을 만지면서 아픈 경험을 반복해서 하게 된다. 이러한 경험이 쌓이면 '뾰족한 것을 만지면 아픈 것 같다'라는 가설을 세우고, 이를 검증하면서 '뾰족한 것을 만지면 아프다'라는 일반화된 지식을 습득하게 되는 것이다. 김현철, 앞의 책, 163-164쪽.

125 고학수 · 김병필 · 한애라 · 이계정 · 이상용 · 임용 · 김은수, 앞의 책, 9쪽.

126 한국교회탐구센터, 앞의 책, 79쪽.

127 위의 책.

128 위의 책, 80쪽.

129 European Commission for the Efficiency of Justice (CEPEJ), 앞의 책, 29쪽.

130 이하 지도 학습과 비지도 학습에 관하여 이건명, 앞의 책, 34, 156-159쪽.

131 ▶ 테니스 치기 데이터

날짜(Day)	전체 날씨	온도	습도	바람	테니스 여부
D1	맑음	무더움	높음	약함	No
D2	맑음	무더움	높음	강함	No
D3	흐림	무더움	높음	약함	Yes
D4	비	온화함	높음	약함	Yes
D5	비	시원함	보통	약함	Yes
D6	비	시원함	보통	강함	No
D7	흐림	시원함	보통	강함	Yes
D8	맑음	온화함	높음	약함	No
D9	맑음	시원함	보통	약함	Yes
D10	비	온화함	보통	약함	Yes

출처: Tom M. Mitchell, 「Machine Learnning」, McGraw-Hill Science/Engineering/Math, 1997, 59쪽.

132 이하 강화 학습에 관하여 장병탁 · 권호정 · 이인아 · 권영선, 앞의 책, 132-133쪽.

133 이하 학습 과정에 관하여 한국인공지능법학회, 「인공지능과 법」, 박영사, 2019, 14-17쪽.

134 예를 들어 몸무게의 값을 입력하면 키를 자동으로 계산해 주는 예측함수를 살펴보자. 먼저 몸무게와 키의 관계에 대한 가설함수를 설정한다(1단계). 몸무게와 키는 선형관계에 있으므로 가설함수를 "$H(x)=Wx+b$"로 세울 수 있다. 그다음 단계는 목표하는 최적의 관계함수를 찾기 위해 'W'값과 'b'값을 구체적으로 결정해야 한다. 몸무게와 키의 관계를 최대한 잘 예측하는 오차(비용함수)를 기준으로 한다. 예측값과 실제값의 오차가 작을수록 제대로 예측을 하는 것이다. 다시 말하면 예측할 직선상의 'y'값(가설함수 결과인 $H(x)$값)과 실제 데이터의 'y'값의 차이가 작을수록 만족도가 높을 것이다. 비용함수는 "$cost(w,b)=\frac{1}{m}\sum_{i=1}^{m}(H(x_i)-y_i)^2$"으로 표시한다. 이를 통해 오차가 가장 작은 'W'값과 'b'값을 결정하면 작업이 완성된다. 비용함수에서 예측값에서 실제값의 차를 제곱{$(H(x_i)-y_i)^2$}하는 것은 음수가 나오는 것을 방지하기 위한 것이다. 그리고 첫 번째 데이터부터 m개까지 오차의 제곱을 모두 합한 후 전체 개수인 m개로 나누는 이유는 평균적인 오차를 찾아내기 위한 것이다. 하지만 데이터가 대량이면 수학과 컴퓨터를 활용한 자동화가 필요한데 다양한 자동화 기술(경사 하강법 등)을 이용하여 처리한다(2단계). 학습 완료 후 새로운 인물의 몸무게(x)값을 입력하면 키(H)값이 자동으로 출력된다. 한국인공지능법학회, 위의 책, 14-17쪽.

135 위의 책, 17-18쪽.

136 이하 인공신경망에 관하여 위의 책, 9-11쪽.

137 Towards Data Science [2023. 2. 27. 최종방문]

https://towardsdatascience.com/training-deep-neural-networks-9fdb1964b964

138 고학수 · 김병필 · 한애라 · 이계정 · 이상용 · 임용 · 김은수, 앞의 책, 3쪽.

139 기계학습의 기본이 되는 개념은 '라벨(label)'과 '피처(feature)'이다. 강아지나 고양이의 사진이 무엇인지 그 실체를 설명하는 단어가 라벨이다. 라벨을 정답이라고 한다면, 그 정답이 어떻게 나왔는지 알려 주는 특징을 피처라고 한다. 피처는 귀 모양, 입 모양 등 강아지를 구별할 수 있는 특징이다. 피처는 입력이고 라벨은 출력이다. 한국인공지능법학회, 앞의 책, 12쪽.

140 이하 딥러닝 등에 관하여 위의 책, 18-19쪽.

141 이하 반자동 오프사이드 판독 기술에 관하여 주간동아 2022년 12월 11일 기사.

142 김요한, 「도시정비사건 승소결정요인에 관한 계량법적 분석」, 건국대학교 대학원 박사학위 논문, 2018, 140쪽.

143 European Commission for the Efficiency of Justice (CEPEJ), 앞의 자료, 29쪽.

144 Victoria Fromkin, Robert Rodman, Nina Hyams, 「An Introduction to Language」 8th ed., Thomson Wadsworth, 2007, 314쪽.

145 Stuart Russell, Peter Norvig, 앞의 책, 16쪽.

146 Brown Douglas, 「Principles of Language Learning And Teaching」 5th ed., Pearson Education, 2007, 11쪽.

147 Stuart Russell, Peter Norvig, 앞의 책, 16쪽.

148 이동영, "자연어 처리 시스템 비교 연구", 「2018년 한국소프트웨어종합학술대회 논문집」, 한국정

보과학회, 2018, 1771쪽.

149 홉스 레인(Hobson Lane), 하네스 막스 하프케(Hannes Max Hapke), 콜 하워드(Cole Hoard) 저, 류광 역, 앞의 책, 4-6쪽.

150 위의 책, 4쪽.

151 위의 책.

152 위의 책, 5쪽.

153 위의 책, 5-6쪽.

154 이동영, 위의 논문, 1771쪽.

155 위의 논문.

156 https://translate.google.com; 고인석, "인공지능의 존재 지위에 대한 두 물음", 「철학」 제136집, 한국철학회, 2018, 162쪽.

157 위의 논문.

158 고학수·김병필·한애라·이계정·이상용·임용·김은수, 앞의 책, 16쪽.

159 홉스 레인(Hobson Lane), 하네스 막스 하프케(Hannes Max Hapke), 콜 하워드(Cole Hoard) 저, 류광 역, 앞의 책, 9쪽; The Verge 2015. 1. 30. 기사.

160 「medrxiv」 2022. 12. 21. 기사.

161 이하 하이퍼클로바X에 관하여 https://www.ncloud.com/intro/feature [2023. 12. 28. 최종방문]

162 https://www.medrxiv.org/content/10.1101/2022.12.19.22283643v2 [2024. 5. 27. 최종방문].

163 홉스 레인(Hobson Lane), 하네스 막스 하프케(Hannes Max Hapke), 콜 하워드(Cole Hoard) 저, 류광 역, 앞의 책, 9쪽.

164 김병필, "재판예측 인공지능 기술의 현황과 한계", 「저스티스」 통권 제182-2호, 한국법학원, 2021, 100쪽.

165 임영익, 「프레디쿠스」, 클라우드나인, 2019, 251쪽.

166 Oliver Wendell Homes, "The path of the Law", 「Harvard Law Review」 Vol. 10, 1897, 457쪽.

167 임영익, 앞의 책, 253쪽.

168 위의 책, 252-253쪽.

169 Chen, Daniel, L. "Mood and the Malleability of Moral Reasoning: The Impact of Irrelevant Factors on Judicial Decisions", 「TSE Working Papers」, 2016, 31-32쪽.

170 임영익, 앞의 책, 256쪽; 이 논문의 '인공신경망과 딥러닝'에서 합성곱 신경망(CNN)부분 참조.

171 위의 책, 257쪽.

172 김요한·이상엽, "의사결정나무 분석기법을 활용한 개발행위허가사건의 승소결정요인에 관한 연구", 「부동산연구」 제27집 제2호, 한국부동산연구원, 2017, 20쪽.

173 위의 논문.

174 위의 논문.

175 위의 논문.

176 법률신문 2016. 10. 20. 기사.

177 이하 빅데이터에 바탕을 둔 판결 예측에 관하여 중앙일보 2019. 12. 16. 기사.

178 Gartner, 「A Framework for Applying AI in the Enterprise」, 2017, 15쪽.

179 김병필, 앞의 논문, 105쪽.

180 위의 논문.

181 Lawlor, Reed C., "What Computers Can Do: Analysis and Prediction of Judicial Decisions", 「American Bar Association Journal」, Vol. 49, No. 4, 1963, 344쪽.

182 임영익, 앞의 책, 252쪽.

183 위의 책, 252-253쪽.

184 김병필, 앞의 논문, 94쪽.

185 위의 논문.

186 Stuart Nagel, "Judicial Prediction and Analysis From Empirical Probability", 「Indian Law」 Vol. 41, 1966, 403쪽.

187 위의 논문, 405-406쪽.

188 위의 논문, 407쪽.

189 김요한 · 이상엽, 앞의 논문, 21쪽.

190 Stuart Nagel, 앞의 논문, 405-406쪽.

191 김병필, 앞의 논문, 105쪽.

192 위의 논문.

193 이하 SCDB 내용, http://supremecourtdatabase.org [2023. 12. 2. 최종방문]

194 Theodore W. Ruger, Pauline T. Kim, Andrew D. Martin, & Kevin M. Quinn, "The Supreme Court Forecasting Project: Legal and Political Science Approaches to Predicting Supreme Court Decision-making", 「Columbia Law Review」 Vol. 104, No. 4, 2004, 1150쪽, 1160-1167쪽.

195 Theodore W. Ruger 외, 앞의 논문, 1171쪽.

196 김병필, 앞의 논문, 105쪽.

197 Theodore W. Ruger 외, 앞의 논문, 1166쪽.

198 Katz, D. M., Bommarito, M. J., Blackman, J., "Predicting the Behavior of the Supreme Court of the United States: A General Approach", 「arXiv:1407.6333v1」, 2014, 2쪽.

199 위의 논문, 7쪽.

200 Katz, D. M., Bommarito, M. J., Blackman, J., "A General Approach for Predicting the Behavior of the Supreme Court of the United States", 「PloS one」 Vol. 12 (4), 2017, 1쪽.

201 위의 논문.

202 위의 논문, 7쪽.

203 위의 논문.

204 이하 알레트라스 교수팀 연구에 관하여 Aletras, N., Tsarapatsanis, D., Preoţiuc-Pietro, D., Lampos, V., "Predicting judicial decisions of the European Court of Human Rights: a Natural Language Processing perspective", 「PeerJ Computer Science」, 2016, 4-15쪽.

205 서포트 벡터 머신(support vector machine, SVM)은 기계학습에서 대표적인 알고리듬으로, 주어진 샘플 그룹에 관하여 그룹 분류(classification) 규칙을 찾아내는 기법의 하나이다(네이버 지식백과).

206 고학수·김병필·한애라·이계정·이상용·임용·김은수, 앞의 책, 25쪽.

207 위의 책.

208 위의 책, 25-26쪽.

209 Medvedeva M., Vols M., Wieling M., "Judicial decisions of the European court of human rights: Looking into the crystal ball", 「Proceedings of the Conference on Empirical Legal Studies in Europe」, 2018, 1-20쪽.

210 Conor O'Sullivan, Joeran Beel, "Predicting the Outcome of Judicial Decisions made by the European Court of Human Rights", 「arXiv:1912.10819」, 2019, 3쪽.

211 USA Today 2016. 3. 30. 기사.

212 연합마이더스 2016년 6월호 기사.

213 위의 자료.

214 위의 자료.

215 커넥팅랩, 「모바일트렌드 2017」, 미래의 창, 2016, 36쪽.

216 연합뉴스 2023. 2. 1. 기사.

217 위의 자료.

218 김성근·신민철·강주영, "챗봇 기술 소개 및 사례 분석: 챗봇 개념, 기술 및 사례를 알아보자", 「정보와 통신 열린강좌」, 제35권 제2호, 한국통신학회, 2018, 21쪽.

219 위의 논문. '일회성 질의 응답형' 챗봇은 질문과 관련이 높은 답변을 하는 검색 엔진과 유사하며, '연속 대화형'은 대화의 시작과 종료가 있고 특정한 주제를 위한 시나리오가 정해져 있다. '규칙 기반형'은 사전에 정의된 규칙을 기반으로 작동하며, '기계학습 기반형'은 자연어를 이해하고 기계학습 알고리듬을 사용한다. '검색 모델형'은 질문에 가장 적절한 답변을 선택하여 제시해 주며, '생

성 기반형'은 기존에 주어진 답변이 아닌 새로운 답변을 제시하는데 생성모델형을 만들기 위해서는 방대한 학습 데이터가 요구된다. 위의 논문, 22-23쪽.

220 위의 논문, 21쪽.

221 위의 논문.

222 위의 논문, 22-23쪽.

223 위의 논문.

224 위의 논문, 24쪽.

225 위의 논문.

226 위의 논문.

227 위의 논문, 25쪽.

228 킨조 신이치로(金城辰一郎) 저, 김영택 역, 「챗봇혁명」, e비즈북스, 2020, 218쪽.

229 홉스 레인(Hobson Lane), 하네스 막스 하프케(Hannes Max Hapke), 콜 하워드(Cole Hoard) 저, 류광 역, 앞의 책, 437쪽.

230 위의 책.

231 위의 책.

232 곽윤직 · 김재형, 「민법총칙」 제9판, 박영사, 2013, 243쪽.

233 박봉철, "법률상담 챗봇 정책을 위한 법률요건의 퍼지화 - 토지임차인의 건물매수청구권을 중심으로", 「일감부동산법학」 제21호, 건국대학교 법학연구소, 2020, 240쪽.

234 위의 논문.

235 위의 논문.

236 위의 논문, 240쪽.

237 위의 논문.

238 위의 논문, 248쪽.

239 위의 논문, 240쪽.

240 위의 논문, 240-241쪽.

241 CBInsights Research Report, 「Lessons From The Failed Chatbot Revolution — And 7 Industries Where The Tech Is Making A Comeback」, 2021, 2쪽.

242 위의 자료.

243 매일경제 2020. 3. 12. 기사.

244 이하 컨시지어 서비스에 관하여 커넥팅랩, 앞의 책, 37-43쪽.

245 The Guardian 2016. 6. 28. 기사.

246 위의 자료 2017. 3. 6. 기사.

247 https://www.ailira.com [2022. 7. 14. 최종방문]

248 http://talk.lawnorder.go.kr/web/home.do [2023. 12. 29. 최종방문]

'버비'에게 상담을 받아 보았다. 빌려준 돈을 받기 위한 소송 방법이 궁금하다는 질문에 2022년 7월 버비는 빌린 물건에 비용이 들었다면 언제 돈을 돌려받을 수 있는지, 임차권등기명령을 어떻게 신청하는지 등에 대해서 답변해 주었다.

2023년 12월 같은 문제의 상담에서 버비는 구체적인 상황을 4가지 예로 제시했다. {(문: 세입자가 건물주의 동의를 받고 임대받은 건물에 새시를 설치했습니다. 세입자가 건물주에게 새시의 소유권을 넘기면서 그 대가로 돈을 받으려고 하는데 언제부터 요구할 수 있을까요? 답: 부속물매수청구권은 임대차 기간이 만료한 경우 인정되는 것으로, 이때 부속물 매수청구권을 행사할 경우 매매의 효력은 즉시 발생하며, 매매가액은 '매수청구권 행사 당시의 시가 상당액'입니다(대법원 1972. 7. 25. 선고 72다653판결)}.

정보 정리에 대한 기능은 향상된 것으로 보이나 아직은 사례에 대한 몇 가지 예를 일방적으로 제시하고 있을 뿐이다. 입력한 정보는 추가 학습을 위한 데이터로 사용된다고 하니 버비의 지속적인 학습으로 성능이 향상하길 기대한다.

249 법률 시장에서 챗봇의 기능에 대하여 다음 사이트 참조. The Law Society,

https://www.lawsociety.org.uk/news/stories/chat-show [2022. 7. 19. 최종방문]

250 CBInsights Research Report, 앞의 자료, 2쪽.

251 위의 자료.

252 위의 자료.

253 삼성SDS, https://www.samsungsds.com/kr/insights/chatbot1.html [2023. 12. 5. 최종방문]

254 지디넷 코리아 2021. 12. 21. 기사.

255 위의 자료.

256 위의 자료.

257 함영주, "조정절차에서 인공지능(AI)을 활용하는 방안," 「과학기술과 법」 제10권 제2호, 충북대학교 법학연구소, 2019, 383쪽.

〈제3장〉

258 정원섭, "인공지능 알고리듬의 편향성과 공정성", 「인간·환경·미래」 제25호, 인제대학교 인간환경미래연구원, 2020, 56-57쪽.

259 사피야 우모자 노블(Safiya Umoja Noble) 저, 노윤기 번역, 「구글은 어떻게 여성을 차별하는가」,

한스미디어, 2018, 48쪽.

260 공정거래위원회는 "이 사건은 네이버가 자신의 검색 알고리듬을 조정·변경하여 부당하게 검색 결과 노출 순위를 조정함으로써 검색 결과가 객관적이라고 믿는 소비자를 기만하고 오픈마켓 시장과 동영상 플랫폼 시장의 경쟁을 왜곡한 사건이다"라고 밝혔다(공정거래위원회 2020. 10. 6. 보도자료).

261 The Washington Post 2019. 11. 11. 기사.

262 위의 자료.

263 박태웅, 「눈 떠보니 선진국: 앞으로 나아갈 대한민국을 위한 제언」, 한빛비즈, 2021, 166쪽.

264 위의 책.

265 사피야 우모자 노블(Safiya Umoja Noble) 저, 노윤기 역, 앞의 책, 44쪽.

266 위의 책, 45쪽.

267 이하 내용 The Verge 2020. 12. 6. 기사.

268 Wired 2020. 12. 3. 기사.

269 한상기, 「신뢰할 수 있는 인공지능」, 클라우드나인, 2021, 49쪽.

270 김의중, 「알고리듬으로 배우는 인공지능, 머신러닝, 딥러닝 입문」, 위키북스, 2016, 22쪽.

271 위의 책.

272 위의 책.

273 양종모, "인공지능 알고리듬 편향성, 불투명성이 법적 의사결정에 미치는 영향 및 규율 방안", 「법조」, 법조협회, 2017, 74쪽.

274 위의 논문.

275 위의 논문.

276 위의 논문.

277 Kroll, Joshua A et al., "Accountable Algorithm", 「University of Pennsylvania Law Review」, Vol. 165, Issue 3, 2017, 680쪽.

278 위의 논문.

279 위의 논문.

280 이하 알고리듬의 불투명성에 관하여 Jenna Burrell, "How the machine 'thinks': Understanding opacity in machine learning algorithms", 「Big Data & Society」 January-June 2016:1-12, 1-4쪽.

281 위의 논문, 675-676쪽.

282 위의 논문, 676쪽.

283 위의 논문.

284 Tal Z. Zarsky, "Transparent Predictions", 「University of Illinois Law Review」 Vol. 2013, No. 4, 2013, 1553쪽.

285 위의 논문, 1553-1554쪽.

286 양종모, 앞의 논문, 94쪽(미주 273).

287 장병탁·권호정·이인아·권영선, 앞의 책, 184쪽.

288 McKinsey Global Institute, 「Big data: The next frontier for innovation, competition, and productivity」, 2011, 1쪽.

289 위의 자료

290 정용찬, 「빅데이터」, 커뮤니케이션북스, 2013, 13쪽.

291 위의 책,

292 위의 책,

293 오바마 대통령이 재선에 성공한 후 언론에서는 "빅데이터가 이번 선거에서 핵심 주제이며 정치 미디어 생태계 전체가 변했다"라고 보도했다. 재선 캠프 데이터 분석팀은 당시 자원봉사자와 후원자 명단, 광고회사, 모금단체, 여론조사기관, 미디어에 관련된 정보를 통합했다. 그리고 선거 진행 방향을 세우는 데 수집한 다양한 종류의 데이터와 아마존의 클라우드 서비스를 활용했다. 분석팀은 모의실험을 하면서 발생할 수 있는 상황을 점검했다. 위의 책, x-xi쪽.

294 신영진, "인공지능 서비스의 개인정보보호방안에 관한 연구", 「한국행정학회 동계학술발표논문집」, 한국행정학회, 2020, 1498쪽.

295 NSCAI, 「Final Report」, 2021, p.25.

296 위의 자료.

297 이하 '아실로마 AI 원칙'은 다음의 웹사이트 참조.

https://futureoflife.org/2017/08/11/ai-principles [2022. 6. 20. 최종방문]

298 이 원칙은 인공지능 연구 분야(5개 항), 윤리와 가치(13개 항), 장기 분야(5개 항) 3개 분야로 구성돼 있다.

299 Stuart Russell, 「Human Compatible」, VIKING, 2019, 172-177쪽.

300 이하 미국의 '국가 인공지능 이니셔티브실'에 관하여는 다음 웹사이트에서 참조.

https://www.ai.gov/naiio [2022. 6. 10. 최종방문]

https://trumpwhitehouse.archives.gov/briefings-statements/white-house-launches-national-artificial-intelligence-initiative-office [2022. 6. 10. 최종방문]

301 방정미, "인공지능 알고리듬 규제거버넌스의 전화 - 최근 미국의 알고리즘 규제와 인공지능 윤리 원칙을 중심으로", 「공법연구」 제49집 제3호, 2021, 400쪽.

302 위의 논문.

303 「인공지능 규제 지침서」에 관하여는 Memorandum for the Heads of Executive Department and Agencies, 「Guidance for Regulation of Artificial Intelligence Applications」, 2020, 3-6쪽.

304 https://www.ftc.gov/business-guidance/blog/2020/04/using-artificial-intelligence-and-algorithms [2023. 4. 19. 최종방문]: 양기문, "기업의 AI 및 알고리듬 이용에 관한 지침: 미국 FTC의 'Using Artificial Intelligence and Algorithms'을 중심으로", 「방송통신정책」, 정보통신정책연구원, 2020, 51-57쪽.

305 이하 유럽 「인공지능백서」에 관하여 European Commission, 「WHITE PAPER On Artificial Intelligence - A European approach to excellence and trust」, COM(2020) 65 final.; 한국법제연구원, 「인공지능의 우수성과 신뢰성에 대한 유럽의 접근」, 미래법제사업본부 글로벌법제전략팀 2020 번역자료집; 정남철·계인국·김재선, 「미래세대 보호를 위한 법적과제 4-인공지능(AI)에 대한 유럽연합(EU)의 규제체계와 대응전략을 중심으로」, 한국법제연구원, 2020, 57-77쪽.

306 COM(2020)

307 정남철·계인국·김재선, 앞의 책, 57쪽.

308 COM(2020)

309 COM(2021)

310 정남철, "유럽연합(EU) 인공지능규범의 제정과 특징", 「유럽헌법연구」 제38호, 유럽헌법학회, 2022, 215, 219쪽.

311 COM(2021), 1쪽.

312 이경선, "EU 인공지능 규제안의 주요 내용과 시사점", 「KISDI Perspectives」, 정보통신정책연구원, 2021 No.1, 1쪽.

313 경향신문 2023. 6. 14. 기사.

314 한국경제 2023. 12. 10. 기사

315 정남철, 앞의 논문, 239쪽

316 COM(2021), 3쪽. 이하 「유럽 인공지능법」 번역에 관하여 김법연, "유럽연합의 인공지능 규제 관련 법제 동향", 「경제규제와 법」 제14권 제1호, 서울대학교 공익산업법센터, 2021, 140-141쪽; 김송옥, "AI 법제의 최신 동향과 과제 - 유럽연합(EU) 법제와의 비교를 중심으로", 「공법학연구」 제22권 제4호, 한국비교공법학회, 2021, 122-123쪽 참고.

317 COM(2021), 12쪽.

318 위의 자료.

319 위의 자료, 13쪽.

320 https://www.oliverwymanforum.com/city-readiness/global-cities-ai-readiness-index-2019.html [2023. 4. 4. 최종방문]

321 Smart Nation Singapore, 「National Artificial Intelligence Strategy」, 2019, 25쪽.

322 이하 보고서 내용은 PDPC, 「Discussion Paper on Artificial Intelligence (AI) and Personal

Data-Fostering Responsible Development and Adoption of AI」, 5, June, 2018.

323 의사결정 행렬 모형을 보면 왼쪽 세로축은 '위해의 심각성'을 아래 가로축은 '위해를 가할 가능성'을 보여 준다. 두 가지 사항을 조합하여 네 가지 경우를 들 수 있다. 왼쪽 위 칸부터 시계 방향으로 ① 위해의 심각성은 높고 위해를 가할 확률이 낮은 경우 ② 위해의 심각성과 위해를 가할 확률이 모두 높은 경우 ③ 위해의 심각성은 낮고 위해를 가할 확률이 높은 경우 ④ 위해의 심각성과 위해를 가할 확률이 모두 낮은 경우를 보여 주고 있다. 심각성이 모두 높은 경우는 인간에게 결정권을 주고, 모두 낮은 경우는 자동 의사결정에 맡긴다. 나머지는 인공지능에 제공한 정보를 바탕으로 인간이 결정한다.

324 Executive Office of the President National Science and Technology Council Committee on Technology (OSTP), 「Preparing for the future of Artificial Intelligence」, 2016. 10., 17쪽.

325 위의 자료.

326 위의 자료.

327 김송옥, 앞의 논문, 133쪽.

328 문병순, "세계 최초 유럽연합 인공지능법과 우리 기업의 대응 방향", 한경닷컴 2021. 5. 19. 기사.

329 김송옥, 앞의 논문, 133-134쪽.

330 위의 논문.

331 각 기업의 윤리 기준 제정에 대해

카카오 https://www.kakaocorp.com/page/detail/8459 [2023. 10. 5. 최종방문]

네이버 https://www.navercorp.com/value/aiCodeEthics [2022. 10. 5. 최종방문]

삼성전자 https://www.samsung.com/sec/sustainability/people/tech-for-all/#anchor4

[2022. 10. 5. 최종방문]

332 과학기술정보통신부 2021. 5. 13. 보도자료, 2025년까지 ① 책임 있는 인공지능 활용 세계 5위(현재 34개국 중 21위) ② 신뢰 있는 사회 세계 10위(현재 43개국 중 28위) ③ 안전한 사이버 국가 세계 3위(현재 175개국 중 15위)를 목표로 하고 있다. 그리고 이 목표를 추진하기 위하여 ① 신뢰할 수 있는 인공지능 구현 환경 조성 ② 안전한 인공지능 활용을 위한 기반 마련 ③ 사회 전반에 건전한 인공지능 의식 확산이라는 3가지 전략을 두고 있다.

333 김송옥, 앞의 논문, 127-128쪽.

334 정원섭, 앞의 논문, 61쪽.

335 위의 논문, 67쪽.

336 위의 논문.

337 위의 논문.

338 강민구 "한국 법조, 생성형 AI 기술 신속히 도입해야", 법률신문 2023. 6. 2. 기사.

생성형 인공지능 기술이 전 세계적으로 급속히 확산하여 인공지능 윤리 문제가 화두로 떠오르는 가운데 한국에서 최근 AI 윤리에 대한 첫 번째 국가표준(KS)이 제정됐다. 산업통상자원부 국가기술표준원은 "KS 윤리 표준은 민간 주도로 만들어져 기업이 자율적으로 쉽고 유용하게 활용할 수 있다는 데 의미가 크다"라고 발표했다(산업통상자원부 2023. 6. 14. 보도자료).

339 이수진, "민사 사법절차(Civil Justice)에서 인공지능의 확장 — 도산 및 민사 신청 절차에서 인공지능재판의 제안", 「민사소송」 제27권 2호, 한국민사소송법학회, 2023, 226쪽.

340 이하 싱가포르 사법부와 난양 이공대학교 연구 관련 내용 Lam Kwok Yan and Campbell Wilson, "Developing AI for Law Enforcement in Singapore and Australia", 「Communications of the ACM」, vol. 63. NO. 4., 2020, 62쪽.; 스마트 국가 연구소(Smart Nation Research Centre)는 이 대학의 통합 기술 스마트 플랫폼 인프라 연구(SPIRIT: Smart Platform Infrastructure Research on Integrative Technology) 소속이다.

341 이하 내용 Motor Accident Claims Online,

https://motoraccidents.lawnet.sg/#perform_simulation [2023. 4. 14. 최종방문]

342 마코(MACO)에 따르면 등을 봉합하는 치료가 필요한 32세의 피해자는 1,400~1,600달러의 배상을 받을 수 있으며, 무릎 수술이 필요한 35세 피해자의 경우 11,000~12,000달러보다 훨씬 고액의 배상을 받을 수 있다. The Straits Times 2022. 3. 21. 기사.

343 이하 내용 https://www.moneyclaim.gov.uk/web/mcol/welcome [2023. 4. 11. 최종방문]

344 이하 내용 JTC Resource Bulletin, 「Introduction to AI for Courts」 Version 1.0 Adopted 27 March 2020.

345 연합뉴스 2022. 1. 9. 기사.

346 위의 자료.

347 아주경제 2021. 7. 29. 기사

▶ 일본의 도장 문화

社 長	部 長	課 長	係 長	担 当

출처: 온라인 커뮤니티.

348 이하 내용 讀賣新聞(요미우리 신문) 2022. 6. 25. 기사.

349 이하 내용 朝日新聞(아사히신문) 2023. 2. 14. 기사.

350 https://www.bengo4.com [2023. 4. 11. 최종방문]

351 법률저널 2018. 4. 12. 기사.

〈제4장〉

352 유병현·김경욱·김동현, 「전자민사소송에서 당사자의 절차적 권리보장에 관한 연구」, 법원행정처, 2009, 2쪽.

353 과거 종이 문서를 활용한 소송에서 전자 문서를 활용한 전자소송이 시작될 때도, 전자소송의 효율성만을 강조하는 경우 절차적 권리를 침해할 수 있으므로 전자 문서도 종이처럼 절차의 안정성을 확보할 수 있는 신뢰성을 목표로 삼았다. 인공지능을 활용한 민사 분쟁 절차도 동일 선상에서 생각해 볼 수 있다. 위의 책, 2쪽, 303쪽.

354 위의 책.

355 정동윤·유병현·김경욱, 「민사소송법」 8판, 법문사, 2020, 343쪽.

356 위의 책.

357 '리걸테크(legal tech)'란 '법(legal)'과 '기술(technology)'의 합성어로 인공지능과 같은 첨단 기술을 활용한 법률 서비스를 뜻한다(네이버 사전).

358 정영수, "민사전자소송에서 리걸테크의 활용에 관한 연구", 「민사소송」, 제27권 2호, 한국민사소송법학회, 2023, 168쪽.

359 위의 논문.

360 위의 논문, 168쪽.

361 정동윤·유병현·김경욱, 앞의 책, 554쪽.

362 위의 책, 554쪽.

363 김도훈, "민사소송상 인공지능 법관에 관한 소고", 「법학논문집」 제45집 제1호, 중앙대학교 법학연구원, 2021, 72쪽.

364 위의 논문

365 위의 논문

366 주현경·정채연, "범죄예측 및 형사사법절차에서 알고리즘 편향성 문제와 인공지능의 활용을 위한 규범 설계", 「법학논총」 제27권 제1호, 조선대학교 법학연구원, 139쪽.

367 위의 논문; 김현석, "재판의 진행·판단에서 법관의 정서에 관하여", 「법조」, 68권 1호, 법조협회, 2019, 291-292쪽.

368 사법개혁위원회, 「사법개혁위원회 자료집(Ⅳ) - 제14차~제27차 회의 결과」, 법원행정처, 2005, 723쪽.

369 위의 자료.

370 위의 자료.

371 김배원, "판결문 공개 확대방안에 대한 헌법적 검토", 「법학연구」 47권 제1호 통권55호, 부산대학

교 법학연구소, 2006, 21-22쪽.

372 위의 논문.

373 최선, "판결문 공개제도와 사법부의 책무성", 「헌법학연구」 제28권 제1호, 한국헌법학회, 2022, 446-447쪽.

374 이하 비실명화 작업에 따른 예산에 관하여 박경신, "판결문의 공개의 필요성과 긴급제안, 판결문과 재판기록을 분리하자", 위의 책, 487-488쪽.

375 윤남근, "재판기록의 공개", 「사법」 통권 20호, 사법발전재단, 2012, 216-217쪽.

376 정선주, "비공개심리와 비밀유지의무", 「민사소송」 제23권 2호, 한국민사소송법학회, 2019, 62쪽.

377 백상준, "판결서 인터넷열람 제도의 개선현황과 향후과제", 「이슈와 논점」 제1571호, 국회입법조사처, 3쪽.

378 미국 연방대법원의 판례 공개에 대해서 https://www.supremecourt.gov/opinions/slipopinion/22 [2023. 5. 3. 최종방문]

379 뉴욕주 법원 판례 공개에 대해서 https://www.nycourts.gov/reporter/slip-service.shtml [2023. 5. 3. 최종방문]

380 캘리포니아주 법원 판례 공개에 대해서 https://www.courts.ca.gov/opinions.htm [2023. 5. 3. 최종방문]

381 이하 영국의 판례 공개 현황에 대해 영국 대법원 홈페이지 참조.
https://www.supremecourt.uk/ [2023. 9. 14. 최종방문]

382 여미숙, "판결 공개 범위 확대 방안", 「재판기록공개 전문가 토론회집」, 사법제도개혁추진위원회, 2005, 84쪽.

383 Tom Braegelmann, "*Lack of Data, Lack of Law*", 2019.
https://www.linkedin.com/pulse/lack-data-law-tom-braegelmann [2023. 9. 15. 최종방문]

384 박성미 · 이유나 · 최아리 · 안정민, "사법분야 인공지능 발전을 위한 판결문 데이터 개선방안–'판결서 인터넷열람 서비스'를 중심으로", 「경찰법연구」, 한국경찰법학회, 2021, 13쪽.

385 위의 논문.

386 이하 일본의 판례 공개 현황에 대해 일본 재판소 홈페이지 참조
https://www.courts.go.jp/ [2023. 9. 14. 최종방문]

387 平岡敦, "日本は法治国家か ―判例公開率0.9%の衝撃―", 先見創意の会, 2010. 7. 27. 기사.

388 司法制度改革審議会, 「司法制度改革審議会意見書― 21 世紀の日本を支える司法制度」, 平 成 13年 6月 12日.

389 전원열, "판결 공개에 따른 프라이버시 침해와 「민사소송법」 제163조의2", 「저스티스」, 한국법학원, 2018, 72쪽.

390 대법원 종합법률정보시스템에서 검색할 수 있는 판결은 대법원판결의 9.75%, 각급 법원 판결의 0.19%에 불과하다는 분석이 있다{법제사법위원회, 민사소송법 일부개정법률안(의안 번호5488) 제안안(2020. 11. 18.) 이유 참고}.

391 미확정 판결문까지 공개한 개정이유를 살펴보면, 먼저 "「헌법」 제109조는 재판의 심리와 판결을 공개하도록 규정하고 있고, 이에 따라 현행법 역시 일정한 경우를 제외하고는 누구든지 확정된 사건의 판결서 등을 열람 및 복사할 수 있도록 하고 있다"라고 언급한다.

"그러나 민사사건의 경우 판결 열람을 신청하기 위해서는 수수료를 부담해야 하는 제약이 있고, 종합법률정보시스템에서 검색할 수 있는 판결은 일부에 불과하다"라는 한계를 지적한다.

"이에 재판부로 하여금 판결이 선고된 사건의 판결서 공개를 용이하게 하고, 열람 및 복사의 대상이 되는 판결서는 컴퓨터 등을 통해 검색 가능한 형태로 제공하도록 함으로써 재판공개라는 헌법적 요청을 충족시키고, 판결의 공정성과 투명성을 확보하며, 사법부에 대한 국민의 신뢰를 회복할 수 있도록 하려는 것"이라고 밝히고 있다.

392 나아가 판결문이 유의미한 데이터가 되기 위해 판결문에 판결 이유가 구체적으로 작성될 필요가 있을 것이다. 그동안 한국 민사사건의 70% 이상을 차지하고 있는 소액사건에서 판결 이유가 생략된 채 선고됐다. 판결 이유를 통해 분쟁 당사자에게 판결을 이해하는 데 도움이 되고, 나아가 사법 분야에서 인공지능을 효율적으로 활용하는 데 필요한 학습 데이터 구축에 기여하게 될 것이다. 최근 판결서에 이유서를 기재하도록 한 「소액사건심판법」의 일부 개정안이 국회를 통과한 바 있다. 강은현, 한국민사소송법학회 2023년 제1회 학술대회 토론문, 2023, 46-47쪽; 연합뉴스 2023. 2. 23. 기사.

393 송오섭, 「판결문 공개 확대를 위한 국회토론회 자료집」, 2019, 23-24쪽 참고 및 보완.

394 김승래, "AI시대 리걸테크의 발전과 미래 법률시장의 변화 모색", 「법이론실무연구」 제8권 제3호, 한국법이론실무학회, 2020, 111-112쪽; 박성미·이유나·최아리·안정민, 앞의 논문, 29-30쪽.

395 전정현·김병필, "인공지능과 법률 서비스: 현황과 과제", 「저스티스」 통권 제170-1호, 한국법학원, 2019, 246-247쪽.

396 고유강, "법률 인공지능이 변화시킬 재판의 모습 – '인공지능 판사'의 기술적 대체가능성과 관련된 현황을 중심으로–", 「외국사법연수논집」 40권, 법원도서관, 2021, 29쪽.

397 위의 논문.

398 위의 논문.

399 고학수·김병필·구본효·백대열·박도현·정종구·김은수, 「인공지능 시대의 개인정보 보호법」, 박영사, 2022, 3쪽.

400 김효정, 「빅데이터 활용에 있어서의 개인정보 보호법제에 관한 연구」, 동아대학교 대학원 박사학위 논문, 2020, 108-109쪽.

401 위의 논문, 109쪽.

402 변용완·장재옥, "빅데이터 환경에서 프라이버시권 개념의 재정식화 – 정보프라이버시에 대한 실

용주의적 접근", 「아주법학」 제16권 제3호, 아주대학교 법학연구소, 2022, 176쪽.

403 김효정, 앞의 논문, 109쪽.

404 위의 논문.

405 Neil Richards, "The Information Privacy Law Project", 94 GEO. L.J. 1087, 2006, 1089쪽.

406 위의 논문.

407 위의 논문, 103쪽.

408 위의 논문.

409 위의 논문.

410 위의 논문.

411 위의 논문, 103-104쪽.

412 정보 수집의 단계에서는 감시(Surveillance), 심문(Interrogation)이라는 문제가, 정보처리 단계에서는 집계(Aggregation), 식별(Identification), 보안상 문제(Insecurity), 2차 이용(Secondary Use), 배제(Exclusion)의 문제가 있다. 정보 유통 단계에서는 비밀 유지 위반(Breach of Confidentiality), 공개(Disclosure), 폭로(Exposure), 접근 가능성의 증대(Increased Accessibility), 협박(Blackmail), 도용(Appropriation), 왜곡(Distortion)이라는 문제가, 침해 단계에서는 침입(Intrusion), 의사 방해(Decisional Interference)라는 문제가 있다. Daniel J. Solove, "'I've Got Nothing to Hide' and Other Misunderstandings of Privacy", 「San Diego Law Review」 Vol. 44, GWU Law School Public Law Research Paper No. 289, 2007, 104-105쪽.

413 Daniel J. Solove, 위의 논문, 105쪽.

414 이하 내용 Helen Nissenbaum, "Contextual Integrity Up and Down the Data Food Chain", 「Theoretical Inquiries in Law」, Vol. 20, Issue 1, 2019, 224-228쪽 요약.

415 이하 내용 Helen Nissenbaum, "A Contextual Approach to Privacy Online", Daedalus, 2011 Oct 01. 140(4), 2011, 33쪽.

416 이하 내용 Helen Nissenbaum, 앞의 논문(미주 414) 231-233쪽 요약.

417 변용완·장재옥, 앞의 논문, 195쪽.

418 4차 산업혁명위원회 2018. 2. 6. 보도자료

419 위의 자료.

420 강신욱, "데이터 3법 개정의 주요 내용과 관련 쟁점에 대한 소고-개정 개인정보법을 중심으로", 「BFL」 102권, 서울대학교 금융법센터, 2020, 62쪽.

421 위의 논문.

422 위의 논문, 64쪽.

423 권헌영, "데이터 규제 3법 개정 전망과 과제", 「KISO 저널」, 한국인터넷자율정책기구, 2019, 20쪽.

424 이하 판례의 익명화에 대한 각국 실무 예에 대해서 김현석, "판례 공개 확대 방안", 사법제도개혁추진위원회, 「사법제도개혁추진위원회 자료집 제13권, 사법 선진화를 위한 개혁, 연구보고서·참고자료 VI-9」, 2006, 555쪽.

425 위의 자료.

426 인공지능을 활용한 오스트리아 법원의 비식별화 작업에 대하여 Martin Hackl, "How machine learning can make the public sector more transparent", 「Apolitical」 2020.

427 Robert Cooter, Thomas Ulen, 「Law and Economics」, 6th ed., Pearson Education, 2012, 391쪽.

428 김병필, 앞의 논문, 106쪽.

429 고학수·김병필·한애라·이계정·이상용·임용·김은수, 앞의 책, 27쪽; 교통사고 사건의 과실상계 비율 예측, 손해배상 사건의 위자료 액수 예측의 연구에 대해서는 고학수·김병필·박상철·윤성로·이수형·임용·김은수·정종구·조상현·이채현, 「손해배상 사건에서의 인공지능(AI) 활용 방안」, 법원행정처, 2021, 125쪽 이하 참고.

430 김병필, 앞의 논문, 106쪽.

431 법원행정처, 「2022 사법연감 (2021.1~2021.12)」, 2022, 690쪽.

432 김병필, 앞의 논문, 106쪽.

433 인공지능이 소송에 도입되면 소장까지 자동 작성화되는 등 소송 제기의 편의성이 높아지므로 소권 남용 우려를 제기할 수 있다. 전자소송을 활용하는 현행 제도에서도 법원에 직접 소장을 제출하지 않아도 되는 점을 이용하여 소권 남용 사례가 발생했다(2019년 한 해에만 2만 778건을, 2020년에는 2만 3036건의 소송을 제기한 사례가 있다. 아주경제 2023. 4. 19. 기사).

　이에 최근 소권 남용 방지를 위해 「민사소송법」을 개정한 바 있다. 소권 남용을 방지하기 위해 소장에 붙이거나 납부한 인지액이 정한 금액에 미달하는 경우 소장의 접수를 보류할 수 있으며(동법 제248조 제2항), 패소할 것이 분명한 사건의 경우 소송구조 신청과 불복 신청에 필요한 소송 비용에 대해 소송구조를 받을 수 없는(동법 제128조 제2항) 등의 내용을 담은 개정법이 2023년 10월 19일 시행되었다.

　소송에서 인공지능 시스템을 구축하는 경우 소송 남용에 대한 조치가 필요할 것이다. 예를 들면 남용하는 소송에 대해 소장 작성 당시 경고가 뜨고 프로그램 진행이 정지되는 등의 기술을 탑재할 수 있다. 인공지능과 관련된 소권 남용은 역시 기술적으로 대응할 수 있고 입법론도 예상될 수 있다.

434 김요한, 앞의 논문, 32쪽.

435 위의 논문.

436 고학수·김병필·한애라·이계정·이상용·임용·김은수, 앞의 책, 27쪽.

437 김요한, 앞의 논문, 32쪽.

438 위의 논문.

439 위의 논문, 159쪽.

440 Toohey, L., Moore, M., Dart, K., & Toohey, D., "Meeting the Access to Civil Justice Challenge: Digital Inclusion, Algorithmic Justice, and Human-Centred Design", 「Macquarie Law Journal」 Vol. 19, 2019, 143쪽.

441 위의 논문.

442 위의 논문.

443 Marc Queudot, Éric Charton, Marie-Jean Meurs, "Improving Access to Justice with Legal Chatbots", Stats, doi:10.3390/stats3030023, 2020, 356쪽.

444 위의 논문, 357쪽.

445 Djeffal, C., "Sustainable AI Development (SAID): On the road to more access to justice", available at SSRN 3298980, 2018, 1쪽.

446 위의 논문.

447 위의 논문, 6쪽.

448 위의 논문, 10-11쪽.

449 위의 논문, 11쪽.

450 위의 논문.

451 Athéna Vassilopoulos, "Can AI chatbots improve access to legal information? A case study on the inhibitors of AI chatbots' implementation in the context of JuridiQC", HEC MONTRÉAL, 2022, 27쪽.

452 양종모, "인공지능 챗봇 알고리즘에 대한 몇 가지 법적 고찰", 「홍익법학」, 홍익대학교 법학연구소, 2020, 465쪽.

453 Privacy International Report, 「Data Is Power: Profiling and Automated Decision-Making in GDPR」, 2017, 17쪽.

454 양종모, 앞의 논문(미주 452) 466쪽.

455 위의 논문, 467쪽.

456 위의 논문, 467-468쪽.

457 김성근 · 신민철 · 강주영, 앞의 논문, 23쪽.

458 Ryan Abbott, Brinson S. Elliott, "Putting the Artificial Intelligence in Alternative Dispute Resolution: How AI Rules Will Become ADR Rules", 「Amicus Curiae」, Series 2, Vol 4, No 3, 2023, 686쪽.

459 위의 논문, 687쪽.

460 위의 논문, 686쪽.

461 위의 논문, 687쪽.

462 위의 논문, 699쪽.

463 위의 논문, 699쪽.

464 이하 분쟁 해결을 위한 인공지능의 다양한 시스템에 관하여 Davide Carneiro, Paulo Novais, José Neves, "Conflict Resolution and its Context From the Analysis of Behavioural Patterns to Efficient Decision-Making", 「Law, Governance and Technology Series 18」, Springer, 2014, 64-65쪽.

465 Ulenaers, Jasper, "The Impact of Artificial Intelligence on the Right to a Fair Trial: Towards a Robot Judge?", 「Asian Journal of Law and Economics」 11(2), De Gruyter, 2020, 19쪽.

466 고유강, "법관업무의 지원을 위한 머신러닝의 발전상황에 대한 소고", 「LAW & TECHNOLOGY」 제15권 제5호, 서울대학교 기술과법센터, 2019, 7쪽.

467 위의 논문, 8쪽.

468 위의 논문.

469 Pamela S. Katz, "Expert Robot: Using Artificial Intelligence to Assist Judges in Admitting Scientific Expert Testimony" 24 Alb LJ Sci & Tech 1, 2014, 38-39쪽.

470 위의 논문.

471 Jerrold Soh Tsin Howe, Lim How Khang, and Ian Ernst Chai, "Legal Area Classification: A Comparative Study of Text Classifiers on Singapore Supreme Court Judgments", arXiv:1904.06470vl[cs.CL], 2019, 1쪽.

472 위의 논문.

473 고학수 · 김병필 · 한애라 · 이계정 · 이상용 · 임용 · 김은수, 앞의 책, 80쪽.

474 위의 책, 96-98쪽.

475 고유강, 앞의 논문(미주 396), 29쪽.

476 김도훈, 앞의 논문, 76-77쪽.

477 강승식, "인공지능 판사, 과연 가능한가?", 「헌법학연구」 제26권 제3호, 한국헌법학회, 2020, 238쪽.

478 정동윤 · 유병현 · 김경욱, 앞의 책, 894-895쪽.

479 김도훈, 앞의 논문, 77쪽.

480 위의 논문.

481 위의 논문, 77-78쪽.

482 강석구·김명수·김병필·정영수·박지원·박성민·장응혁·손진·최경진·최혜선, "리걸테크 도입 및 대응을 위한 법무정책 연구", 「연구총서」 22-B-16, 한국형사·법무정책연구원, 123쪽, 소송 단계별 리걸테크 표를 바탕으로 수정·보완했다.

483 일반적으로 '인공지능 법관'이라는 표현은 약한 인공지능부터 인공지능이 주도적으로 재판을 진행하는 듯한 인상을 주는 강한 인공지능까지 포괄하는 복합적인 의미로 사용하고 있다. 사법 분야에 도입하기 위한 현실적인 논의에서는 인공지능을 분쟁 해결의 조력 수단의 측면으로 보아야 할 것이다.

484 Cass R. Sunstein, Kevin Ashley, Karl Branting, Howard Margolis,

"Symposium: Legal Reasoning and Artificial Intelligence: How Computers Think Like Lawyers", University of Chicago Law School Chicago Unbound, 2001, 19쪽.

485 Terence Etherton, "Liberty, the archetype and diversity: a philosophy of judging", 「Public Law」, Thomson Reuters, 2010, 738-741쪽.

486 강승식, 앞의 논문, 244쪽.

487 Harry Surden, "Machine Learning and Law", 「Washington Law Review」, Vol. 89:87, Issue 1, 2014, 88쪽.

488 김도훈, 앞의 논문 79쪽.

489 여론조사기관 리얼리서치코리아(Real Research Korea)에서 기관 내 자체 패널 성인 5,000명을 대상으로 인간 법관과 인공지능 법관에 관련된 여론조사를 했다. 이하 설문조사 내용에 관하여는 리얼리서치코리아 2023. 3. 15. 보도 참조.

https://blog.naver.com/mrrk20/223045224609 [2023. 5. 29. 최종방문]

490 이하 인공지능 판사 도입에 관한 설문 조사에 관하여 오세용, 「인공지능시대, 법관의 미래는?」, 박영사, 2022, 248-262쪽.

　이 설문 조사는 오세용 사법연수원 교수가 2020년 11월부터 2021년 1월 사이에 이메일을 통해 현직 법관 26명, 카이스트 인공지능대학원 등 인공지능기술 전문가 24명, 카이스트 미래전략대학원 소속의 미래전략 전문가 35명을 대상으로 진행했다.

491 이하 연구 내용 요약, Theo Araujo, Natali Helberger, Sanne Kruikemeier, Claes H. de Vreese, "In AI we trust? Perceptions about automated decision-making by artifcial intelligence", 「AI & SOCIETY」 35(3), 2020.

　여론조사 기관 칸타 퍼블릭(Kanter Public)의 자체 패널 중 3,072명을 대상으로 이 연구를 진행했다. 성별·나이·지역·교육 수준이 다른 참가자들이 모였는데 49%가 여성이었고 평균 연령은 50.9세이었다. 중등 교육까지 마친 경우는 27%, 학사 학위를 가진 경우는 27%, 석사 학위 이상 소지자는 15%였다.

　인공지능 알고리듬 지식의 수준을 먼저 측정한 후 의사결정에 관한 시나리오를 무작위로 배정했고, 참가자들은 유용성·공정성·위험성 등을 평가했다.

492 이하 실험 내용 요약, Benjamin Minhao Chen, Alexander Stremitzer, Kevin Tobia *"Having Your Day in Robot Court"*, 「Harvard Journal of Law & Technology」 Volume 36, Number 1 Fall 2022.

실험자들은 짧은 시나리오 세 개를 작성해서 무작위로 실험 참가자에게 배부했고 참가자들이 이 시나리오를 읽고 그 반응을 기록했다. 이 연구는 실험 요소를 첨가하여 2021년 3월 참가자 5,086명으로 확대했다. 시나리오는 소비자 환불, 보석 결정, 구금 선고라는 세 가지 내용이었는데 그중에서 소비자 환불의 내용을 소개하면 다음과 같다.

> **[시나리오]** 25세인 존(John)은 카메라존(Camerazon)이라는 온라인 쇼핑몰에서 2,500달러에 고급 카메라를 주문했다. 존은 신용카드로 비용을 지불하고 택배 수령을 선택했다. 존은 다음 날 택배로 카메라를 받았는데 카메라 렌즈에 작은 얼룩을 발견했다. 카메라존 정책에는 상품이 손상된 경우 구매 금액을 환불해 준다고 명시하고 있었고, 존은 이메일로 카메라 렌즈 사진을 첨부하여 환불을 요청했다. 하지만 업체 담당자는 상품이 손상된 것 같지 않다고 하면서 환불을 거부했다. 그 후 존은 사진이 변색된 것 같다면서 새 카메라로 찍은 여러 사진을 보냈다. 하지만 업체는 사진이 변색된 것 같지 않아 환불하지 않겠다고 응답했다. 속았다는 생각에 좌절한 존은 업체에 법적 조치를 취하기로 했고 구매 조건에 따라 중재를 신청했다.
> 존과 업체는 카메라가 손상되면 환불해야 한다는 데 동의한다. 그리고 그들은 사진을 변색시키는 영구적인 얼룩이 환불을 받을 수 있다는 '손상'으로 간주하는 데 동의한다. 당사자 분쟁은 (1) 카메라에 얼룩이 있는지 여부, (2) 사진이 변색되었는지 여부의 두 가지 요소를 기반으로 한다.

실험 시나리오에서는 최종 결정은 존에게 불리하게 작용하며 카메라에 대한 환불을 받지 못할 것이다. 실험 참가자들은 시나리오를 읽고 의사결정자가 결정에 도달하기까지 절차가 공정했는지를 1에서 7까지 점수로 평가했다(1은 전적으로 동의하지 않음, 7은 전적으로 동의함). 또한 의사 결정자가 결정을 내릴 때 모든 관련 사실을 고려했는지 여부, 의사 결정자가 결정을 내릴 때 존의 관점에서 이해했는지 여부, 존이 자신의 입장을 표명할 기회가 있었는지 아닌지 등에 대해 평가했다.

참가자는 의사 결정자가 인간인지 알고리듬인지, 법원의 심문(Hearing) 여부, 결정이 해석 가능한지(결과가 도출되는 추론이 이해가 가능한지) 여부에 따라 각각 다른 시나리오를 받았다. 인공지능이 주도하는 재판에서 심문 방법은 존이 카메라 손상으로 환불받아야 할 이유를 설명하면 컴퓨터가 이를 녹음하는 것으로 했다.

실험자들은 실험하기 전에 심문 이후에 내려진 결정이 기록에만 근거한 결정보다는 더 공정할 것으로, 해석할 수 없는 결정보다는 해석이 가능한 결정이 공정할 것으로 가설을 세운 바 있다. 하지만 인간의 결정이 항상 인공지능의 결정보다 절차상 공정한지에 대해서 불확실하다는 가설을 세웠다.

미주

493 이하 조사 내용 요약, Dovilė Barysė, Roee Sarel, "Algorithms in the court: does it matter which part of the judicial decision-making is automated?", 「Artificial Intelligence and Law」, Springer, 2023.

  2021년 5월부터 6월까지 리투아니아인 응답자 269명을 대상으로 사법절차의 여러 단계에서 자동화 수준(Level of Automation)에 대한 신뢰도에 관하여 온라인 설문 조사를 했다. 이 보고서는 리투아니아 국가를 선택한 이유에 대해서 리투아니아는 상대적으로 평균적 법률 기술을 보유하고 있으며, 법원에서 일반적으로 기술을 사용한 경험 등이 있기 때문이라고 밝혔다.

494 정보 수집 설문내용은 다음과 같다. "다음의 내용을 읽고 가장 적절한 내용을 선택하십시오. 선택지는 수동에서 완전 자동화까지의 수준을 보여 줍니다.

① [0단계] 정보를 검색하고 선택하는 유일한 방법은 판사를 통하는 것이다.

② [1단계] 프로그램에서 핵심어를 이용하여 정보를 검색하고, 판사가 가장 관련성 높은 정보를 선택한다.

③ [2단계] 프로그램에서 핵심어를 입력하여 정보를 검색하고, 프로그램은 가장 관련성 높은 정보를 표시한다. 판사가 가장 관련성 높은 정보를 선택한다.

④ [3단계] 프로그램이 선택한 핵심어에 따라 프로그램 내에서 정보를 검색하고, 가장 관련성 높은 정보를 프로그램이 선택하며 모든 정보를 판사에게 제시한다.

⑤ [4단계] 프로그램이 필요한 정보를 전체 검색하여 수행하지만 판사에게 결과를 제시하지 않는다.

⑥ [－] 이 결정 단계는 사건에서 공정한 최종 결정을 보장하는 것과 관련이 없다.

495 김배원, 앞의 논문(미주 3), 94쪽.

496 위의 논문.

497 위의 논문.

498 강승식, 앞의 논문, 236쪽.

499 전휴재, "우리 민사재판의 미래에 관한 소고", 「민사소송」 제27권 제1호, 한국민사소송법학회, 2023, 140쪽.

500 김일환·홍석한, "현행 헌법상 배심제와 참심제의 도입에 관한 고찰", 「성균관법학」 성균관대학교 법학연구원, 2006, 67쪽.

501 위의 논문.

502 권영성, 「헌법학원론」, 법문사, 2010, 1109쪽.

503 김일환·홍석한, 앞의 논문, 71쪽.

504 김하열, 「헌법강의」 제3판, 박영사, 2021, 919쪽.

505 김일환·홍석한, 앞의 논문, 75쪽.

506 한인섭, "국민의 사법참여 – 그 당위성의 제도화를 위하여", 「국민의 형사재판 참여제도 도입」에

관한 공청회 자료집, 국회법제사법위원회, 2006, 42쪽.

507 사법개혁위원회, 「국민과 함께 하는 사법개혁 – 사법개혁위원회 백서」, 사법개혁위원회 자료집 (VII), 2005, 179-180쪽.

508 위의 자료.

509 위의 자료

510 위의 자료

511 한인섭, 앞의 자료, 43쪽.

512 사법개혁위원회, 앞의 자료(미주 507), 179-180쪽.

513 한인섭, 위의 자료, 42-43쪽.

514 위의 자료,

515 위의 자료,

516 Ulenaers, Jasper, 앞의 논문, 18쪽.

517 다만 인공지능 도입에 참심제를 적용해 보는 것은 국민의 사법 참여를 기계 인공지능으로 대체해 본 논의이기 때문에 앞으로 인간과 기계의 사법 참여에서의 차이에 대해 심도 있는 연구가 필요 할 것이다.

518 헌법재판소 1991. 4. 1. 선고 89헌마160 전원재판부 결정.

519 헌법재판소 1997. 3. 27. 선고 96헌가11 결정.

520 전휴재, 앞의 논문, 140쪽.

521 강성정, "법관은 두 개의 양심을 가져야 하는가? – 헌법 제103조 법관의 '양심'에 관하여", 「사법 통권」 41호, 사법발전재단, 2017, 172쪽.

522 장영수, 「헌법학」 제13판, 홍문사, 2021, 1246쪽.

523 전휴재, 앞의 논문, 141쪽.

524 한수웅, 「헌법학」 제10판, 법문사, 2020, 1367쪽.

525 전휴재, 위의 논문, 142쪽.

526 허영, 「한국헌법론」 전정 14판, 박영사, 2018, 1093쪽.

527 고학수·김병필·박상철·윤성로·이수형·임용·김은수·정종구·조상현·이채현, 앞의 책, 224쪽.

528 위의 책.

529 위의 책.

530 위의 책, 225쪽.

531 위의 책.

532 한경닷컴 2023. 2. 17. 기사.

533 고학수·김병필·박상철·윤성로·이수형·임용·김은수·정종구·조상현·이채현, 앞의 책, 253쪽.

534 송오섭, 앞의 자료, 32쪽.

535 백상준, 위의 자료, 67쪽.

536 위의 자료.

537 박성미·이유나·최아리·안정민, 앞의 논문, 19쪽.

538 위의 논문 25쪽.

539 위의 논문.

540 위의 논문.

541 마크업(markup)은 원래 신문사나 잡지사의 교정 기자들이 사용하는 표기법으로 문장이나 그림의 배치, 글자 크기 등과 같이 문서의 구조와 배치에 관한 정보를 의미한다(컴퓨터인터넷IT용어 대사전).

마크업은 다른 사용자에게 의미를 전달하기 위해 간결하고 함축적인 의미를 지녀야 하는데, 예를 들면 특정 단어를 강조하기 위해 밑줄을 긋거나 색상을 변화시키기도 하고, 내용의 순서를 강조하기 위해 번호 매기기와 같은 작업을 하는 것이다. 이러한 마크업을 가능하게 하는 언어를 마크업 언어(Markup Language)라고 한다.

마크업 언어의 종류를 살펴보면 월드와이드웹(World Wide Web, WWW)의 기반이 되는 HTML(HyperText Markup Langauge), 국제표준화기구(ISP)가 표준화하여 미국과 유럽 출판부에서 사용이 되는 SGML(Standard Generalized Markup Language)을 들 수 있다. 그 후에 등장한 XML(eXtensible Markup Language)은 기존의 마크업 언어보다 정확한 정보를 빠르게 검색할 수 있다.

XML은 글자 그대로 확장할 수 있는 마크업 언어라는 의미인데, 현재 인터넷에서 많이 사용되고 있는 HTML과 달리 확장이 가능한 언어이다. 확장이 가능하다는 말은 사용자의 의도에 맞게 작성할 수 있다는 뜻이다. 고범석·공정석·권용재·임수미·윤수진, 「초보자를 위한 다이나믹 웹 설계 XML」, 영진닷컴, 2002, 20-25쪽, 74-75쪽.

542 한스경제 2022.10.13. 기사.

543 고학수·김병필·박상철·윤성로·이수형·임용·김은수·정종구·조상현·이채현, 앞의 책, 253쪽.

544 위의 책.

545 프레임워크(framework)는 소프트웨어 애플리케이션이나 솔루션의 개발을 할 때, 공통으로 사용되는 기능을 미리 만들어 라이브러리 형태로 제공하고, 시스템 소프트웨어나 하드웨어 플랫폼을 잘 활용할 수 있게 해 주는 기능을 한다. 등반대가 최종 등정 과정에만 집중하게 해 주는 베이스캠프의 역할이 '프레임워크'라고 할 수 있다. 김의중, 앞의 책, 208-209쪽.

546 고학수·김병필·박상철·윤성로·이수형·임용·김은수·정종구·조상현·이채현, 앞의 책, 244쪽.

547 카페(Caffe)는 버클리 대학의 시각과 학습연구센터(Berkeley Vision and Learning Center, BVLC)에서 개발한 것으로, 프로그래밍 언어인 C/C++와 파이썬을 지원하며 누구나 사용할 수 있

는 공개 프로그램이다. 김의중, 앞의 책, 304쪽.

548 토치(Torch)는 뉴욕대학교에서 개발한 과학계산용 프레임워크로, 각종 수학과 과학계산에서 필요한 함수를 모은 함수 라이브러리를 편하게 사용할 수 있게 해 준다. 알파고를 개발한 구글의 딥마인드와 페이스북 인공지능 연구소에서 사용하고 있다. 위의 책, 305쪽.

549 텐서플로우(TensoFlow)는 구글의 브레인 프로젝트팀이 2015년에 공개한 딥러닝 프레임워크로, C/C++로 개발된 엔진 위에 파이썬을 지원하는 구조로 돼 있다. 행렬계산과 같은 연산을 수행할 때 다른 프레임워크보다 우수하다는 평가를 받고 있다. 위의 책, 306-307쪽.

550 고학수·김병필·박상철·윤성로·이수형·임용·김은수·정종구·조상현·이채현, 앞의 책, 245쪽.

551 권혁심, "디지털시대의 온라인 분쟁해결", 「협상연구」 제25권 제1호, 한국협상학회, 2022, 29쪽.

552 유병현, "전자소송의 내용과 규율 방향", 「고려법학」 제62호, 고려대학교 법학연구원, 2011, 222쪽.

553 권혁심, 앞의 논문, 29쪽.

554 위의 논문.

555 https://www.consumer.go.kr/consumer/index.do [2023. 3. 17. 최종방문]

556 일본의 종합사법지원센터에 대해서는 https://www.houterasu.or.jp [2023. 11. 30. 최종방문]

557 호테라스(法テラス: 法 hou 법, 照らす terasu 빛을 비추다)는 상담신청자의 답답한 마음에 빛을 비춰주는 공간이라는 뜻과, 고민하는 이들이 편안하게 쉴 수 있는 테라스(テラス, 발코니, 찬란한 햇빛이 비취는 기분 좋은 장소)의 뜻이 있다.

558 조경희, "일본의 종합법률지원체계와 국선변호인의 관리", 「입법과 정책」 제7권 제2호, 국회입법조사처, 2015, 364쪽. 「총합법률지원법」의 일부 내용을 소개하면 다음과 같다. 이 지원센터는 법률 서비스에 관한 종합적인 지원의 시행과 체제의 정비에 관해 민사·형사를 불문하고, 전국에서 법에 따른 분쟁의 해결에 필요한 정보나 서비스를 받을 수 있는 사회 실현을 목적으로 한다(동법 제2조).

　　또한 법에 따른 분쟁 해결을 위해 제도를 더 쉽게 이용하게 하고 동시에 변호사, 변호사법인, 인접 법률 전문가(변호사나 법률법인 이외의 자로, 법률에 따라 타인의 법률 사무를 취급하는 것을 업으로 할 수 있는 자) 등의 서비스를 보다 가까이에서 받기 위한 업무를 한다(동법 제3조).

　　이러한 법률지원 사업을 시행할 때는 신속하고 적절하게 해야 한다(동법 제14조, 제15조). 주요 사무소는 동경에 두고 자본금은 정부가 출자하는 금액으로 하고 있다(동법 제16조, 제17조).

559 정근명, 2013년도 일본사법지원센터 파견직원 연수보고서」, 대한법률구조공단, 2014, 11쪽.

560 위의 자료, 92쪽.

561 https://www.legaltechinnovation.com/ [2023. 3. 17. 최종방문]

562 본 글 제2장 제2절 '재판예측의 필요성' 참고.

563 https://law.stanford.edu/codex-the-stanford-center-for-legal-informatics/ [2023. 3. 16. 최종방문]

〈제5장〉

564 정영환, 「신민사소송법」, 법문사, 2019, 967쪽.

565 이시윤, 「신민사소송법」 제15판, 박영사, 2021, 827쪽.

566 대법원 1997. 10. 17. 자 97마1632 결정.

567 대법원 2001. 12. 4. 자 2001그112 결정.

568 다이얼로그플로우(Dialogflow)는 대화식 사용자 인터페이스를 모바일 앱, 웹, 봇 등에 쉽게 설계하고 통합할 수 있는 자연어 이해 플랫폼이다. 텍스트나 오디오 입력을 포함하여 고객이 제공하는 다양한 유형의 입력을 분석할 수 있다. https://cloud.google.com/dialogflow/docs?hl=ko [2023. 5. 16. 최종방문]; '피고의 경정' 판단을 위한 순서도와 시나리오를 필자가 작성한 후, 챗봇 구현은 고려대학교 컴퓨터학과 조유정 학생의 도움을 받았다.

569 다이얼로그플로우는 영어를 기반으로 만들어졌기 때문에 한국어로 챗봇을 구현할 때 최대한 많은 예시를 넣어야 정확도가 높아진다. 따라서 다양한 긍정 답변과 부정 답변을 입력하여 학습하도록 했다.

<긍정 답변>

1. 네. 2. 네, 그렇습니다. 3. 예. 4. 예 5. 응 6. ㅇ 7. ㅇㅇ 8. 예엡 9. 네엡 10. 넵 11. 옙 12. 넹 그래요 13. 넹 14. 예그렇습니다 15. 예 그렇습니다 16. 네 그러합니다 17. 그래 18. 동의 19. 그럼 20. 맞아 21. 물론 22. 물론입니다! 23. 그렇겠죠? 24. 그렇지요 25. 그럴 듯 합니다 26. 그렇다고 할 수 있습니다. 27. 그러합니다 28. 그래요 29. 그렇습니다 30. y 31. yep 32. yes

<부정 답변>

1. 아니요 2. 않이요 3. 아닌 것 같습니다 4. 아닙니다 5. 아닐 듯 합니다 6. 아닙니다 7. 아뇨 8. 아니용 9. 아니오 10. 아니 11. 아닌 것 같아 12. 그건 아니지 13. 절대 아니야 14. ㄴ 15. ㄴㄴ 16. 노 17. 놉 18. x 19. X 20. No

570 정동윤·유병현·김경욱, 앞의 책, 264쪽.

571 IT World 2019. 6. 26. 기사.

[단행본]

고범석 · 공정석 · 권용재 · 임수미 · 윤수진, 「초보자를 위한 다이내믹 웹 설계 XML」, 영진 닷컴컴퓨터, 2002.

고학수 · 김병필 · 구본효 · 백대열 · 박도현 · 정종구 · 김은수, 「인공지능 시대의 개인정보 보호법」, 박영사, 2022.

곽윤직 · 김재형, 「민법총칙」 제9판, 박영사, 2013.

권영성, 「헌법학원론」 개정판, 법문사, 2010.

김의중, 「알고리듬으로 배우는 인공지능, 머신러닝, 딥러닝 입문」, 위키북스, 2016.

김하열, 「헌법강의」 제3판, 박영사, 2021.

김현철, 「정보적 사고에서 인공지능까지」, 한빛아카데미, 2019.

마쓰오 유타카(松尾豊) 저 · 박기원 역, 「인공지능과 딥러닝 - 인공지능이 불러올 산업 구조의 변화와 혁신」, 동아 엠엔비, 2017.

박태웅, 「눈 떠보니 선진국: 앞으로 나아갈 대한민국을 위한 제언」, 한빛비즈, 2021.

박철규, 「대체적 분쟁해결 총론」, 도서출판 오래, 2016.

사피야 우모자 노블(Safiya Umoja Noble) 저, 노윤기 번역, 「구글은 어떻게 여성을 차별하는가」, 한스미디어, 2018.

오세용, 「인공지능시대, 법관의 미래는?」, 박영사, 2022.

이건명, 「인공지능, 튜링 테스트에서 딥러닝까지」, 생능출판, 2019.

이시윤, 「신민사소송법」 제15판, 박영사, 2021.

임영익, 「프레디쿠스」, 클라우드나인, 2019.

장병탁 · 권호정 · 이인아 · 권영선, 「또 다른 지능, 다음 50년의 행복」, 아시아, 2019.

장영수, 「헌법학」 제13판, 홍문사, 2021.

정동윤 · 유병현 · 김경욱, 「민사소송법」 8판, 법문사, 2020.

정영환, 「신민사소송법」, 법문사, 2019.

정완용, 「전자상거래」, 법영사, 2016.

정용찬, 「빅데이터」, 커뮤니케이션북스, 2013.

커넥팅랩, 「모바일트렌드 2017」, 미래의 창, 2016.

최동수 · 최은주, 「지능정보사회」, 제2판, 법문사, 2021.

클라우드 슈밥 저 · 송경진 역, 「클라우스슈밥의 제4차 산업혁명」, 새로운 현재, 2016.

킨조 신이치로(金城辰一郎) 저 · 김영택 역, 「챗봇혁명」, e비즈북스, 2020.

한국교회탐구센터, 「인공지능과 기독교 신앙」, IVP, 2017.

한국인공지능법학회, 「인공지능과 법」, 박영사, 2019.

한상기, 「신뢰할 수 있는 인공지능」, 클라우드나인, 2021.

한수웅, 「헌법학」 제10판, 법문사, 2020.

허영, 「한국헌법론」 전정 14판, 박영사, 2018.

홉스 레인(Hobson Lane), 하네스 막스 하프케(Hannes Max Hapke), 콜 하워드
    (Cole Hoard) 저, 류광 번역, 「파이썬으로 배우는 자연어 처리 인 액션 Natural
    Language Processing in Action」, 제이펍, 2020.

홍의경, 「제대로 배우는 파이썬」, 생능출판, 2022.

Brown Douglas, 「Principles of Language Learning And Teaching」 5thed.,
    Pearson Education, 2007.

C.P. Snow, 「the two cultures: and an second look」, A Mentor Book, 1963.

Stuart Russell, 「Human Compatible」, VIKING, 2019.

Stuart Russell, Peter Norvig, 「Artificial Intelligence: A Modern Approach」 4th
    ed. Pearson, 2020.

Tom M. Mitchell, 「Machine Learnning」, McGraw-Hill Science/Engineering/
    Math, McGraw-Hill Education, 1997.

Robert Cooter, Thomas Ulen, 「Law and Economics」, 6th ed., Pearson
    Education, 2012.

Victoria Fromkin, Robert Rodman, Nina Hyams, 「An Introduction to
    Language」 8th ed., Thomson Wadsworth, 2007.

[논문]

강성정, "법관은 두 개의 양심을 가져야 하는가? - 헌법 제103조 법관의 '양심'에 관하
    여", 「사법 통권」 41호, 사법발전재단, 2017.

강승식, "인공지능 판사, 과연 가능한가?", 「헌법학연구」 제26권 제3호, 한국헌법학회,
    2020.

강신욱, "데이터 3법 개정의 주요 내용과 관련 쟁점에 대한 소고-개정 개인정보법을 중

심으로", 「BFL」 102권, 서울대학교 금융법센터, 2020.

강영주, "인공지능을 활용한 민사분쟁 해결에 관한 고찰", 「안암법학」 통권 제64호, 2022.

고유강, "법관업무의 지원을 위한 머신러닝의 발전상황에 대한 소고", 「LAW & TECHNOLOGY」 제15권 제5호, 서울대학교 기술과법센터, 2019, 7쪽.

고인석, "인공지능의 존재 지위에 대한 두 물음", 「철학」 제136집, 한국철학회, 2018.

권헌영, "데이터 규제 3법 개정 전망과 과제", 「KISO 저널」, 한국인터넷자율정책기구, 2019.

권혁심, "디지털시대의 온라인 분쟁해결", 「협상연구」 제25권 제1호, 한국협상학회, 2022.

김도훈, "민사소송상 인공지능 법관에 관한 소고", 「법학논문집」 제45집 제1호, 중앙대학교 법학연구원, 2021.

김법연, "유럽연합의 인공지능 규제 관련 법제 동향", 「경제규제와 법」 제14권 제1호, 서울대학교 공익산업법센터, 2021.

김병필, "재판 예측 인공지능 기술의 현황과 한계", 「저스티스」 통권 제182-2호, 한국법학원, 2021, 100쪽.

김배원, "판결문 공개 확대방안에 대한 헌법적 검토", 「법학연구」 47권 제1호 통권55호, 부산대학교 법학연구소, 2006.

_____, "지능정보사회와 헌법 -인공지능(AI)의 발전과 헌법적 접근", 「공법학연구」 제21권 제3호, 2020.

김성근 · 신민철 · 강주영, "챗봇 기술 소개 및 사례 분석: 챗봇 개념, 기술 및 사례를 알아보자", 「정보와 통신 열린강좌」, 제35권 제2호, 한국통신학회, 2018.

김송옥, "AI 법제의 최신 동향과 과제 – 유럽연합(EU) 법제와의 비교를 중심으로", 「공법학연구」 제22권 제4호, 한국비교공법학회, 2021.

김승래, "AI시대 리걸테크의 발전과 미래 법률시장의 변화 모색", 「법이론실무연구」 제8권 제3호, 한국법이론실무학회, 2020.

김요한, 「도시정비사건 승소결정요인에 관한 계량법적 분석」, 건국대학교 대학원 박사학위 논문, 2018.

김요한 · 이상엽, "의사결정나무 분석기법을 활용한 개발행위허가사건의 승소결정요인에 관한 연구", 「부동산연구」 제27집 제2호, 한국부동산연구원, 2017.

김일환, "지능정보사회에서 헌법의 역할과 기능", 「성균관법학」 제32권 제3호, 성균관대학교 법학연구원, 2020.

김일환·홍석한, "현행 헌법상 배심제와 참심제의 도입에 관한 고찰", 「성균관법학」 성균관대학교 법학연구원, 2006, 67쪽.

김준연, "전통 산업의 디지털 전환 : 기회인가, 위기인가? 디지털 전환의 개념, 유형 그리고 조건", 「월간SW중심사회」, 소프트웨어정책연구소, 2016.

김진석, "'약한' 인공지능과 '강한' 인공지능의 구별의 문제", 「철학연구」 제117집, 철학연구회, 2017.

김현석, "재판의 진행·판단에서 법관의 정서에 관하여", 「법조」, 68권 1호, 법조협회, 2019.

김효정, 「빅데이터 활용에 있어서의 개인정보 보호법제에 관한 연구」, 동아대학교 대학원 박사학위논문, 2020.

박봉철, "법률상담 챗봇 정책을 위한 법률요건의 퍼지화 - 토지임차인의 건물매수청구권을 중심으로", 「일감부동산법학」 제21호, 건국대학교 법학연구소, 2020.

박성미·이유나·최아리·안정민, "사법분야 인공지능 발전을 위한 판결 문 데이터 개선방안 - '판결서 인터넷열람 서비스'를 중심으로", 「경찰법연구」, 한국경찰법학회, 2021.

방정미, "인공지능 알고리듬 규제거버넌스의 전환 - 최근 미국의 알고리듬 규제와 인공지능 윤리원칙을 중심으로", 「공법연구」 제49집 제3호, 2021.

변용완·장재옥, "빅데이터 환경에서 프라이버시권 개념의 재정식화 - 정보프라이버시에 대한 실용주의적 접근", 「아주법학」 제16권 제3호, 아주대학교 법학연구소, 2022.

서병조, "지능정보사회의 도래와 네트워크 전략", 한국통신학회 발표 자료, 2016.

신영진, "인공지능 서비스의 개인정보보호방안에 관한 연구", 「한국행정학회 동계학술발표논문집」, 한국행정학회, 2020.

손영화, "인공지능(AI) 시대의 법적 과제", 「법과 정책연구」 제16집 제4호, 한국법정책학회, 2016.

손형섭, "디지털 전환(Digital Transformation)에 의한 지능정보 사회의 거버넌스 연구", 「공법연구」 제49집, 제3호, 2021.

안제우, "온라인 분쟁해결의 발전을 위한 관련 당사자의 책임", 중재연구 제16권 제1호, 2006.

양기문, "기업의 AI 및 알고리듬 이용에 관한 지침: 미국 FTC의 'Using Artificial

Intelligence and Algorithms'을 중심으로", 「방송통신정책」, 정보통신정책연구원, 2020.

양종모, "인공지능 알고리듬 편향성, 불투명성이 법적 의사결정에 미치는 영향 및 규율 방안", 「법조」, 법조협회, 2017.

_____, "인공지능 챗봇 알고리즘에 대한 몇 가지 법적 고찰", 「홍익법학」, 홍익대학교 법학연구소, 2020.

유병현, "전자소송의 내용과 규율방향", 「고려법학」 제62호, 고려대학교 법학연구원, 2011.

윤남근, "재판기록의 공개", 「사법」 통권 20호, 사법발전재단, 2012.

이경선, "EU 인공지능 규제안의 주요 내용과 시사점", 「KISDI Perspectives」, 정보통신정책연구원, 2021 No.1.

이도국, "인공지능(AI)의 민사법적 지위와 책임에 관한 소고", 「법학논총」 제34집 제4호, 한양대학교 법학연구소, 2017, 323쪽.

이동영, "자연어 처리 시스템 비교 연구", 「2018년 한국소프트웨어종합학술대회 논문집」, 한국정보과학회, 2018.

이수진, "민사 사법절차(Civil Justice)에서 인공지능의 확장 — 도산 및 민사 신청 절차에서 인공지능재판의 제안", 「민사소송」 제27권 2호, 한국민사소송법학회, 2023.

장완규, "미국의 사법접근성 보장제도", 「법학연구」 제31권 제1호, 충북대학교 법학연구소, 2020.

전원열, "판결 공개에 따른 프라이버시 침해와 민사소송법 제163조의2", 「저스티스」, 한국법학원, 2018.

전정현·김병필, "인공지능과 법률 서비스:현황과 과제", 「저스티스」 통권 제170-1호, 한국법학원, 2019.

전휴재, "우리 민사재판의 미래에 관한 소고", 「민사소송」 제27권 제1호, 한국민사소송법학회, 2023.

정남철, "유럽연합(EU) 인공지능규범의 제정과 특징", 「유럽헌법연구」 제38호, 유럽헌법학회, 2022.

정선주, "비공개심리와 비밀유지의무", 「민사소송」 제23권 2호, 한국민사소송법학회, 2019.

정영수, "민사전자소송에서 리걸테크의 활용에 관한 연구", 「민사소송」, 제27권 2호, 한국민사소송법학회, 2023.

정원섭, "인공지능 알고리듬의 편향성과 공정성", 「인간·환경·미래」 제25호, 인제대학교 인간환경미래연구원, 2020.

정채연, "사법에서 인공지능 기술의 수용을 위한 기초 연구 - 사법접근성(Access to Justice)를 중심으로", 「법학연구」 통권 제66집, 전북대학교, 2021.

주현경·정채연, "범죄예측 및 형사사법절차에서 알고리즘 편향성 문제와 인공지능의 활용을 위한 규범 설계", 「법학논총」 제27권 제1호, 조선대학교 법학연구원, 2020.

최선, "판결문 공개제도와 사법부의 책무성", 「헌법학연구」 제28권 제1호 한국헌법학회, 2022.

함영주, "조정절차에서 인공지능(AI)을 활용하는 방안," 「과학기술과 법」 제10권 제2호, 충북대학교 법학연구소, 2019.

Aletras, N., Tsarapatsanis, D., Preoţiuc-Pietro, D., Lampos, V., "*Predicting judicial decisions of the European Court of Human Rights: a Natural Language Processing perspective*", 「PeerJ Computer Science」, 2016.

Andrew Ng, "*What Artificial Intelligence Can and Can't Do Right Now*", 「Harvard Business Review」, 2019.

Athéna Vassilopoulos, "*Can AI chatbots improve access to legal information? A case study on the inhibitors of AI chatbots' implementation in the context of JuridiQC*", HEC MONTRÉAL, 2022.

Benjamin Minhao Chen, Alexander Stremitzer, Kevin Tobia "*Having Your Day in Robot Court*", 「Harvard Journal of Law & Technology」 Volume 36, Number 1 Fall 2022.

Cass R. Sunstein, Kevin Ashley, Karl Branting, Howard Margolis, "Symposium: *Legal Reasoning and Artificial Intelligence: How Computers Think Like Lawyers*", University of Chicago Law School Chicago Unbound, 2001.

Chen, Daniel, L. "*Mood and the Malleability of Moral Reasoning: The Impact of Irrelevant Factors on Judicial Decisions*", 「TSE Working Papers」, 2016.

Conor O'Sullivan, Joeran Beel, "*Predicting the Outcome of Judicial Decisions made by the European Court of Human Rights*", 「arXiv:1912.10819」, 2019.

Daniel J. Solove, "'*I've Got Nothing to Hide' and Other Misunderstandings of Privacy*", 「San Diego Law Review」 Vol. 44, GWU Law School Public Law Research Paper No. 289, 2007.

Davide Carneiro, Paulo Novais, José Neves, "*Conflict Resolution and its Context From the Analysis of Behavioural Patterns to Efficient Decision-Making*", 「Law, Governance and Technology Series 18」, Springer, 2014.

Djeffal, C. "*Sustainable AI Development (SAID): On the road to more access to justice*", available at SSRN 3298980, 2018.

Dovilė Barysė, Roee Sarel, "*Algorithms in the court: does it matter which part of the judicial decision-making is automated?*", 「Artificial Intelligence and Law」, Springer, 2023.

Harry Surden, "*Machine Learning and Law*", 「Washington Law Review」, Vol. 89:87, Issue 1, 2014.

Helen Nissenbaum, "*A Contextual Approach to Privacy Online*", Daedalus, 2011 Oct 01. 140(4), 2011.

_____, "*Contextual Integrity Up and Down the Data Food Chain*", 「Theoretical Inquiries in Law」, Vol. 20, Issue 1, 2019.

Jenna Burrell, "*How the machine 'thinks': Understanding opacity in machine learning algorithms*", 「Big Data & Society」 January-June 2016.

Jerrold Soh Tsin Howe, Lim How Khang, and Ian Ernst Chai, "*Legal Area Classification: A Comparative Study of Text Classifiers on Singapore Supreme Court Judgments*", arXiv:1904.06470vl[cs.CL], 2019.

Joseph W. Goodman, "The Pros and Cons of Online Dispute Resolution: An Assessment of Cyber-Mediation Websites", 「2 Duke Law & Technology Review」, 2003.

Katz, D. M., Bommarito, M. J., Blackman, J., "*Predicting the Behavior of the Supreme Court of the United States: A General Approach*", 「arXiv:1407.6333v1」, 2014.

Katz, D. M., Bommarito, M. J., Blackman, J., "*A General Approach for Predicting the Behavior of the Supreme Court of the United States*", 「PloS one」 Vol. 12 (4), 2017.

Kroll, Joshua A et al., "*Accountable Algorithm*", 「University of Pennsylvania Law Review」, Vol. 165, Issue 3, 2017.

Lam Kwok Yan and Campbell Wilson, "*Developing AI for Law Enforcement in Singapore and Australia*", 「Communications of the ACM」, vol. 63. NO.

4., 2020.

Lawlor, Reed C., "*What Computers Can Do: Analysis and Prediction of Judicial Decisions*", 「American Bar Association Journal」 Vol. 49, No. 4, 1963.

Marc Queudot, Éric Charton, Marie-Jean Meurs, "*Improving Access to Justice with Legal Chatbots*", Stats 2020, 3, 356-375; doi:10.3390/stats3030023, 2020.

Martin Hackl, "*How machine learning can make the public sector more transparent*", 「Apolitical」 2020.

Medvedeva, M., Vols, M., Wieling, M., "*Judicial decisions of the European court of human rights: Looking into the crystal ball*", 「Proceedings of the Conference on Empirical Legal Studies in Europe」, 2018.

Neil Richards, "*The Information Privacy Law Project*", 94 GEO. L.J. 1087, 2006.

Oliver Wendell Homes, "*The path of the Law*", 「Harvard Law Review」 Vol. 10, 1897.

Pamela S. Katz, "*Expert Robot: Using Artificial Intelligence to Assist Judges in Admitting Scientific Expert Testimony*" 24 Alb LJ Sci & Tech 1, 2014.

Ryan Abbott, Brinson S. Elliott, "*Putting the Artificial Intelligence in Alternative Dispute Resolution: How AI Rules Will Become ADR Rules*", 「Amicus Curiae」, Series 2, Vol 4, No 3, 2023.

Searle, John. R., "*Minds, brains, and programs*", 「Behavioral and Brain Sciences」 3, Cambridge University Press, 1980.

Stuart Nagel, "*Judicial Prediction and Analysis From Empirical Probability*", 「Indian Law」 Vol. 41, 1966.

Tal Z. Zarsky, "*Transparent Predictions*", 「University of Illinois Law Review」, Vol. 2013, No. 4, 2013.

Terence Etherton, "*Liberty, the archetype and diversity: a philosophy of judging*", 「Public Law」, Thomson Reuters, 2010.

Theodore W. Ruger, Pauline T. Kim, Andrew D. Martin, & Kevin M. Quinn, "*The Supreme Court Forecasting Project: Legal and Political Science Approaches to Predicting Supreme Court Decision-making*", 「Columbia

Law Review」 Vol. 104, No. 4, 2004.

Theo Araujo, Natali Helberger, Sanne Kruikemeier, Claes H. de Vreese, "*In AI we trust? Perceptions about automated decision-making by artifcial intelligence*", 「AI & SOCIETY」 35(3), 2020.

Toohey, L., Moore, M., Dart, K., & Toohey, D., "*Meeting the Access to Civil Justice Challenge: Digital Inclusion, Algorithmic Justice, and Human-Centred Design*", 「Macquarie Law Journal」 Vol. 19, 2019.

Ulenaers, Jasper, "*The Impact of Artificial Intelligence on the Right to a Fair Trial: Towards a Robot Judge?*", 「Asian Journal of Law and Economics」 11(2), De Gruyter, 2020.

Wing, J. M., "*Computational Thinking*", 「Communications of the ACM」 Vol. 49 No. 3, 2006.

[연구보고서 등]

강석구 · 김명수 · 김병필 · 정영수 · 박지원 · 박성민 · 장응혁 · 손진 · 최경진 · 최혜선, 「리걸테크 도입 및 대응을 위한 법무정책 연구」, 연구총서 22-B-16, 한국형사 · 법무정책연구원.

강은현, 한국민사소송법학회 2023년 제1회 학술대회 토론문, 2023.

고유강, "법률 인공지능이 변화시킬 재판의 모습 - '인공지능 판사'의 기술적 대체가능성과 관련된 현황을 중심으로-", 「외국사법연수논집」 40권, 법원도서관, 2021.

고학수 · 김병필 · 박상철 · 윤성로 · 이수형 · 임용 · 김은수 · 정종구 · 조상현 · 이채현, 「손해배상 사건에서의 인공지능(AI) 활용방안」, 법원행정처, 2021.

고학수 · 김병필 · 한애라 · 이계정 · 이상용 · 임용 · 김은수, 「사법부에서의 인공지능(AI) 활용방안」, 법원행정처, 2020.

김배원, "'재판기록 및 재판정보의 공개 방안'에 대한 검토", 사법제도개혁추진위원회, 「사법제도개혁추진위원회 자료집 제13권, 사법 선진화를 위한 개혁, 연구보고서 · 참고자료 VI-9」, 2006.

김홍엽 · 전형준 · 권혁심 · 장완규, 「국민의 사법 수요 분석 및 정책 제안을 위한 연구」, 법원행정처, 2019.

김현석, "판례 공개 확대 방안", 사법제도개혁추진위원회, 「사법제도개혁추진위원회 자료집 제13권, 사법 선진화를 위한 개혁, 연구보고서 · 참고자료 VI-9」, 2006.

미래창조과학부, 「지능정보기술 우리 삶을 어떻게 변화시킬까?」, 대한민국 정책 브리핑, 2016.

박경신, "판결문의 공개의 필요성과 긴급제안, 판결문과 재판기록을 분리하자", 사법제도개혁추진위원회, 「사법제도개혁추진위원회 자료집 제13권, 사법 선진화를 위한 개혁, 연구보고서 · 참고자료 VI-9」, 2006.

백상준, "판결서 인터넷열람 제도의 개선현황과 향후과제", 「이슈와 논점」 제1571호, 국회입법조사처.

법원행정처, 「2022 사법연감 (2021.1~2021.12)」, 2022.

사법개혁위원회, 「국민과 함께 하는 사법 개혁 - 사법개혁위원회 백서」, 사법개혁위원회 자료집(VII), 2005.

_____, 「사법개혁위원회 자료집(IV) - 제14차~제27차 회의 결과」, 법원행정처, 2005.

손승우, 「온라인 분쟁해결[ODR]에 관한 국제 규범 모델 연구[I] - ODR에 관한 국제 규범 동향 분석」, 한국법제연구원, 2011.

송오섭, 「판결문 공개 확대를 위한 국회토론회 자료집」, 2019.

여미숙, "판결 공개 범위 확대 방안", 「재판기록공개 전문가 토론회집」, 사법제도개혁추진위원회, 2005.

유병현 · 김경욱 · 김동현, 「전자민사소송에서 당사자의 절차적 권리보장에 관한 연구」, 법원행정처, 2009.

유진호 · 정상호 · 김민정 · 우재현 · 정경오, 「인공지능 환경의 프라이버시 보호 방안 연구」, 한국인터넷진흥원(KISA), 2020.

조경희, "일본의 종합법률지원체계와 국선변호인의 관리", 「입법과 정책」 제7권 제2호, 국회입법조사처, 2015.

정근명, 「2013년도 일본사법지원센터 파견직원 연수보고서」, 대한법률구조공단, 2014.

정남철 · 계인국 · 김재선, 「미래세대 보호를 위한 법적과제 4-인공지능(AI)에 대한 유럽연합(EU)의 규제체계와 대응전략을 중심으로」, 한국법제연구원, 2020.

최승재 · 김순희 · 최재원, 「사법수요 현황 조사 및 사법접근성 제고방안 연구」, 법원행정처, 2018.

한국법제연구원, 「인공지능의 우수성과 신뢰성에 대한 유럽의 접근」, 미래법제사업본부 글로벌법제전략팀 2020 번역자료집.

한인섭, "국민의 사법참여 - 그 당위성의 제도화를 위하여", 「국민의 형사재판 참여제도 도입」에 관한 공청회 자료집, 국회법제사법위원회, 2006.

Annex Ⅰ, Artificial Intelligence Techniques and Apporaches referred to in Article 3, point 1, 2021.

CBInsights Research Report, 「Lessons From The Failed Chatbot Revolution — And 7 Industries Where The Tech Is Making A Comeback」, 2021.

Europe Commission for the Efficiency of Justice (CEPEJ), 「European ethical Charter on the use of Artificial Intelligence in judicial systems and their environment」, 2018.

European Commission, High Level Expert Group on Artificial Intelligence, 「A definition of AI: Main Capabilities and Disciplines」, 2019.

European Commission, 「Regulation of the European parliament and of the Council: Laying Down Harmonised Rules on Artificial Intelligence (Artificial Intelligence Act) and Amending Certain Union Legislative Acts」, COM(2021) 206 final.

European Commission, 「WHITE PAPER On Artificial Intelligence - A European approach to excellence and trust」, COM(2020) 65 final.

Executive Office of the President National Science and Technology Council Committee on Technology(OSTP), 「Preparing for the future of Artificial Intelligence」, 2016.

Gartner, 「A Framework for Applying AI in the Enterprise」, 2017.

IBM Global business services, "Digital transformation, Creating new business models where digital meets physical", 「IBM Institute for Business Value」, 2011.

JTC Resource Bulletin, 「Introduction to AI for Courts」 Version 1.0 Adopted 27 March 2020.

PDPC, 「Discussion Paper on Artificial Intelligence(AI) and Personal Data-Fostering Responsible Development and Adoption of AI」, 5, June, 2018.

Privacy International Report, 「Data Is Power: Profiling and Automated Decision-Making in GDPR」, 2017.

Smart Nation Singapore, 「National Artificial Intelligence Strategy」, 2019.

McKinsey Global Institute, 「Big data: The next frontier for innovation, competition, and productivity」, 2011.

Memorandum for the Heads of Executive Department and Agencies, 「Guidance for Regulation of Artificial Intelligence Applications」, 2020.

NSCAI, 「Final Report」, 2021.

OECD Conference Centre, 「Understanding Effective Access to Justice」, Paris Workshop Background Paper, 2016.

OECD headquarter Paris, 「Equal Access to Justice, OECD Expert Roundtable Background notes」, 7 October 2015.

Open Society Foundations, 2016 Issues brief, 「Leveraging the SDGs for Inclusive Growth: Delivering Access to Justice for All」, 2016.

司法制度改革審議会, 「司法制度改革審議会意見書ー 21 世紀の日本を支える司法制度」, 平成 13年 6月 12日.

[언론 자료]

공정거래위원회 2020. 10. 6. 보도자료.
과학기술정보통신부 2021. 5. 13. 보도자료.
4차 산업혁명위원회 2018. 2. 6. 보도자료.
산업통상자원부 2023. 6. 14. 보도자료.

『경향신문』

https://www.khan.co.kr/world/europe-russia/article/202306142136001 [2023. 6. 14.]

『뉴스핌』

https://www.newspim.com/news/view/20230126000923 [2023. 1. 27.]

『매일경제』

https://www.mk.co.kr/news/it/9244738 [2020. 3. 12.]

『법률신문』

https://www.lawtimes.co.kr/news/103917 [2016. 10. 20.]

https://www.lawtimes.co.kr/news/187980?serial=187980 [2023. 6. 2.]

『법률저널』

http://www.lec.co.kr/news/articleView.html?idxno=47291 [2018. 4. 12.]

『아주경제』

https://www.ajunews.com/view/20210728102120165 [2021. 7. 29.]

https://www.ajunews.com/view/20230419111402797 [2023. 4. 19.]

『연합뉴스』

https://www.yna.co.kr/view/AKR20220108033600073 [2022. 1. 9.]

https://www.yna.co.kr/view/AKR20230223149100001 [2023. 2. 23.]

『연합마이더스』

http://www.yonhapmidas.com/article/160602141306_284684 [2016. 5. 20.]

『주간동아』

https://www.donga.com/news/article/all/20221211/116945343/1 [2022. 12. 11.]

『중앙일보』

https://www.joongang.co.kr/article/23657544#home [2019. 12. 16.]

『지디넷 코리아』

https://zdnet.co.kr/view/?no=20211221132415 [2021. 5. 19.]

『한국경제』

https://www.hankyung.com/it/article/202105199059i

https://www.hankyung.com/it/article/202302132164i [2023. 2. 17.]

https://www.hankyung.com/article/202312105878i [2023. 12. 10.]

https://www.wowtv.co.kr/NewsCenter/News/Read?articleId=AKR2023
0201113100017 [2023. 2. 1.]

『한스경제』

http://www.hansbiz.co.kr/news/articleView.html?idxno=536869 [2021. 10. 13.]

『AI타임스』: AI 서울 2024

https://www.aitimes.com/news/articleView.html?idxno=156893 [2024. 2. 1.]

『IT World』

https://www.itworld.co.kr/news/125085 [2014. 6. 26.]

『medrix』

https://www.medrxiv.org/content/10.1101/2022.12.19.22283643v2 [2024. 5. 27.]

『The Guardian』

https://www.theguardian.com/technology/2016/jun/28/chatbot-ai-lawyer-donotpay-parking-tickets-london-new-york [2016. 6. 28.]

https://www.theguardian.com/technology/2017/mar/06/chatbot-donotpay-refugees-claim-asylum-legal-aid [2017. 3. 6.]

『The Straits Times』

https://www.straitstimes.com/singapore/how-much-can-i-claim-traffic-accident-claims-simulator-launched-to-help-motorists-settle-out-of-court [2022. 3. 21.]

『The Verge』

https://www.theverge.com/2015/1/29/7939067/ap-journalism-automation-robots-financial-reporting [2015. 1. 30.]

https://www.theverge.com/2020/12/5/22155985/paper-timnit-gebru-fired-google-large-language-models-search-ai [2020. 12. 6.]

『The Washington Post』

https://www.washingtonpost.com/business/2019/11/11/apple-card-algorithm-sparks-gender-bias-allegations-against-goldman-sachs/ [2019. 11. 11.]

『TIME』

https://content.time.com/time/covers/0,16641,19830103,00.html [1983. 1. 3.]

『USA Today』

https://www.usatoday.com/story/tech/news/2016/03/30/microsof-ceo-nadella-bots-new-apps/82431672/ [2016. 3. 30.]

『Wired』

https://www.wired.com/story/prominent-ai-ethics-researcher-says-google-fired-her/ [2020. 12. 3.]

『朝日新聞(아사히신문)』

https://www.asahi.com/articles/ASR2F5RHLR2FULFA00V.html [2023. 2. 13.]

『讀賣新聞(요미우리 신문)』

https://www.yomiuri.co.jp/national/20220624-OYT1T50307/ [2022. 6. 25.]

[기타 자료]

구글 다이얼로그플로우(Dialogflow)

https://cloud.google.com/dialogflow/docs?hl=ko

네이버 인공지능 윤리 기준

https://www.navercorp.com/value/aiCodeEthics

삼성전자 인공지능 윤리 기준

https://www.samsung.com/sec/sustainability/people/tech-for-all/#anchor4

카카오 인공지능 윤리 기준

https://www.kakaocorp.com/page/detail/8459

독일 판례 공개

Tom Braegelmann, "*Lack of Data, Lack of Law*", 2019.

https://www.linkedin.com/pulse/lack-data-law-tom-braegelmann

미국 '국가 인공지능 이니셔티브실'

https://www.ai.gov/naiio

https://trumpwhitehouse.archives.gov/briefings-statements/white-house-
    launches-national-artificial-intelligence-initiative-office

미국 뉴욕 주법원 판례 공개

https://www.nycourts.gov/reporter/slip-service.shtml

미국 법학전문대학원 혁신 지수

https://www.legaltechinnovation.com/

미국 스탠포드 대학 코드엑스(CodeX) 센터

https://law.stanford.edu/codex-the-stanford-center-for-legal-informatics

미국 연방거래위원회(FTC), 인공지능과 알고리듬 사용에 대한 지침(Using Artificial
    Intelligence and Algorithms)

https://www.ftc.gov/business-guidance/blog/2020/04/using-artificial-intelligence-and-algorithms

미국 연방대법원 판결 데이터베이스(Supreme Court Database)

http://supremecourtdatabase.org

미국 연방대법원의 판례 공개

https://www.supremecourt.gov/opinions/slipopinion/22

미국 캘리포니아 주법원 판례 공개

https://www.courts.ca.gov/opinions.htm

미국연방대법원 연례보고서, 존 로버트 미국 연방대법원장 인터뷰

https://www.uscourts.gov/news/2023/12/31/chief-justice-roberts-issues-2023-year-end-report

https://www.nytimes.com/2023/12/31/us/john-roberts-supreme-court.html

법률 시장에서 챗봇의 기능(The Law Society)

https://www.lawsociety.org.uk/news/stories/chat-show

삼성SDS

https://www.samsungsds.com/kr/insights/chatbot1.html

소비자24

https://www.consumer.go.kr/consumer/index.do

심층 신경망(Deep Neural Net)

https://towardsdatascience.com/training-deep-neural-networks-9fdb1964b964

싱가포르 온라인 손해배상 청구 시스템(MACO)

https://motoraccidents.lawnet.sg/#perform_simulation

아실로마 AI 원칙

https://futureoflife.org/2017/08/11/ai-principles

영국 대법원의 판례 공개

https://www.supremecourt.uk/

영국 온라인 금전 청구 시스템(MCOL)

https://www.moneyclaim.gov.uk/web/mcol/welcome

올리버 와이먼 포럼(Oliver Wyman Forum)

참고문헌

https://www.oliverwymanforum.com/city-readiness/global-cities-ai-readiness-index-2019.html

의안정보시스템(법제사법위원회, 민사소송법 일부개정법률안(의안번호5488) 제안 이유)

http://likms.assembly.go.kr/bill/BillSearchResult.do

인공지능 법관과 인간 법관에 대한 설문조사(리얼리서치코리아)

https://blog.naver.com/mrrk20/223045224609

일본 온라인 법률상담업체 벤고시닷컴(弁護士ドットコム)

https://www.bengo4.com

일본 재판소의 판례 공개

https://www.courts.go.jp/

일본 종합사법지원센터

https://www.houterasu.or.jp

챗봇 버비(법무부)

https://talk.lawnorder.go.kr/web/index.do

호주 에일리라(Ailira) 법률사무소

https://www.ailira.com

휴리스틱

http://www.aistudy.co.kr/heuristic/heuristic.htm

OECD 사법수요조사 설문

https://www.oecd.org/governance/legal-needs-surveys-and-access-to-justice-g2g9a36c-en.htm

네이버 영어 사전, 네이버 지식사전, 네이버 지식백과

컴퓨터인터넷IT용어대사전

학문명백과: 공학, 형설출판사

한경경제용어 사전

저자 소개

▌ 강영주

고려대학교에서 인공지능과 민사소송에 관련하여 박사학위를 받았다. 학위 논문은 인공지능이라는 공학과 민사소송이라는 법학을 접목한 연구이다. 현재 고려대학교 법학연구원 전임 연구원으로 이와 관련된 연구를 계속하고 있다. 「개정 국제사법에 관한 비교법적 고찰- 혼인관계사건의 국제재판관할을 중심으로」, 「인공지능을 활용한 민사분쟁 해결에 관한 고찰」 등의 논문을 썼고 주요 일간지에 칼럼을 게재했다.

언론사 기자 경력을 가지고 있으며, '유럽 여행기' 연재와 아시안게임 등 국제 스포츠 대회에서 취재한 경험을 인상적인 추억으로 지니고 있다.

✉ binary1000@naver.com

인공지능 법정에서의 하루

초판발행   2024년 7월 25일

지은이   강영주
펴낸이   안종만·안상준

편 집   양수정
기획/마케팅   김한유
표지디자인   이영경
제 작   고철민·김원표

펴낸곳   (주)**박영시**
                서울특별시 금천구 가산디지털2로 53, 210호(가산동, 한라시그마밸리)
                등록 1959.3.11. 제300-1959-1호(倫)

전 화   02)733-6771
f a x   02)736-4818
e-mail   pys@pybook.co.kr
homepage   www.pybook.co.kr
ISBN   979-11-303-4748-6 93360

정 가   18,000원